全国高等学校外语教师丛

U0627300

Structural Equation Modeling in Second Language Studies: Case Analysis

第二语言研究中的结构方程模型案例分析

许宏晨　　著

外语教学与研究出版社
FOREIGN LANGUAGE TEACHING AND RESEARCH PRESS
北京 BEIJING

图书在版编目（CIP）数据

第二语言研究中的结构方程模型案例分析 / 许宏晨著. —— 北京 ：外语教学与研究出版社，2019.1（2020.6重印）
（全国高等学校外语教师丛书. 科研方法系列）
ISBN 978-7-5213-0664-4

Ⅰ. ①第… Ⅱ. ①许… Ⅲ. ①第二语言－外语教学－教学研究 Ⅳ. ①H09

中国版本图书馆 CIP 数据核字 (2019) 第 020086 号

出 版 人　徐建忠
项目负责　段长城
责任编辑　解碧琰
责任校对　段长城
封面设计　覃一彪　彩奇风
出版发行　外语教学与研究出版社
社　　址　北京市西三环北路 19 号（100089）
网　　址　http://www.fltrp.com
印　　刷　北京九州迅驰传媒文化有限公司
开　　本　650×980　1/16
印　　张　9
版　　次　2019 年 3 月第 1 版 2020 年 6 月第 3 次印刷
书　　号　ISBN 978-7-5213-0664-4
定　　价　33.90 元

购书咨询：(010) 88819926　电子邮箱：club@fltrp.com
外研书店：https://waiyants.tmall.com
凡印刷、装订质量问题，请联系我社印制部
联系电话：(010) 61207896　电子邮箱：zhijian@fltrp.com
凡侵权、盗版书籍线索，请联系我社法律事务部
举报电话：(010) 88817519　电子邮箱：banquan@fltrp.com
物料号：306640001

目　录

总　序

　　"全国高等学校外语教师丛书"是外语教学与研究出版社高等英语教育出版分社近期精心策划、隆重推出的系列丛书，包含理论指导、科研方法和教学研究三个子系列。本套丛书既包括学界专家精心挑选的国外引进著作，又有特邀国内学者执笔完成的"命题作文"。作为开放的系列丛书，该丛书还将根据外语教学与科研的发展不断增加新的专题，以便教师研修与提高。

　　笔者有幸参与了这套系列丛书的策划工作。在策划过程中，我们分析了高校英语教师面临的困难与挑战，考察了一线教师的需求，最终确立这套丛书选题的指导思想为：想外语教师所想，急外语教师所急，顺应广大教师的发展需求；确立这套丛书的写作特色为：突出科学性、可读性和操作性，做到举重若轻，条理清晰，例证丰富，深入浅出。

　　第一个子系列是"理论指导"。该系列力图为教师提供某学科或某领域的研究概貌，期盼读者能用较短的时间了解某领域的核心知识点与前沿研究课题。以《二语习得重点问题研究》一书为例，该书不求面面俱到，只求抓住二语习得研究领域中的热点、要点和富有争议的问题，动态展开叙述。每一章的写作以不同意见的争辩为出发点，对取向相左的理论、实证研究结果差异进行分析、梳理和评述，最后介绍或者展望国内外的最新发展趋势。全书阐述清晰，深入浅出，易读易懂。再比如《认知语言学与二语教学》一书，全书分为理论篇、教学篇与研究篇三个部分。理论篇阐述认知语言学视角下的语言观、教学观与学习观，以及与二语教学相关的认知语言学中的主要概念与理论；教学篇选用认知语言学领域比较成熟的理论，探讨应用到中国英语教学实践的可能性；研究篇包括国内外将认知语言学理论应用到教学实践中的研究综述、研究方法介绍以及对未来研究的展望。

　　第二个子系列是"科研方法"。该系列介绍了多种研究方法，通常是一本书介绍一种方法，例如问卷调查、个案研究、行动研究、有声思维、语料库研究、微变化研究和启动研究等。也有的书涉及多种方法，综合描述量化研究或者质化研究，例如：《应用语言学中的质性研究与分析》、《应用语言学中的量化研究与分析》和《第二语言研究中的数据收集方法》等。凡入选本系列丛书的著作人，无论是国外著者还是国内著者，均有高度的读者意识，乐于为一线教师开展教学科研服务，力求做到帮助读者"排忧解难"。例如，澳大利亚安妮·伯恩斯（Anne Burns）教授撰写的《英语教学中的行动研究方法》一书，从一线教师的视角，讨论行动研究的各个环节，每章均有"反思时刻"、"行动时刻"等新颖形式设计。同时，全书运用了丰富例证来解释理论概念，便于读者理解、思考和消化所读内容。凡是应邀撰写研究方法系列的中国著作人均有博士学位，并对自己阐述的研究方法有着丰富的实践经验。他们有的运用了书中的研究方法完成了硕士、博士论文，有的采用书中的研究方法从事过重大科研项目。以秦晓晴教授撰写的《外语教学问卷调查法》一书为例，该书著者将系统性与实用性有机结合，根据实施问卷调查法的流程，系统地介绍了问卷调查研究中问题的提出、问卷项目设计、问卷试测、问卷实施、问卷整理及数据准备、问卷评价以及问卷数据汇总及统计分析方法选择等环节。书中各个环节的描述都配有易于理解的研究实例。

第三个子系列是"教学研究"。该系列与前两个系列相比，有两点显著不同：第一，本系列侧重同步培养教师的教学能力与教学研究能力；第二，本系列所有著作的撰稿人主要为中国学者。有些著者虽然目前在海外工作和生活，但他们出国前曾在国内高校任教，也经常回国参与国内的教学与研究工作。本系列包括《英语听力教学与研究》、《英语写作教学与研究》、《英语阅读教学与研究》、《英语口语教学与研究》、《翻译教学与研究》等。以《英语听力教学与研究》一书为例，著者王艳副教授拥有十多年的听力教学经验，同时听力教学研究又是她博士论文的选题领域。《英语听力教学与研究》一书，浓缩了她多年来听力教学与听力教学研究的宝贵经验。全书分为两部分：教学篇与研究篇。教学篇中涉及了听力教学的各个重要环节以及学生在听力学习中可能碰到的困难与应对的办法，所选用的案例均来自著者课堂教学的真实活动。研究篇中既有著者的听力教学研究案例，也有著者从国内外文献中筛选出的符合中国国情的听力教学研究案例，综合在一起加以分析阐述。

教育大计，教师为本。"全国高等学校外语教师丛书"内容全面，出版及时，必将成为高校教师提升自我教学能力、研究能力与合作能力的良师益友。笔者相信本套丛书的出版对高校外语教师个人专业能力的提高，对教师队伍整体素质的提高，必将起到积极的推动作用。

文秋芳

北京外国语大学中国外语与教育研究中心

2011 年 7 月 3 日

前　言

本书的必要性和特色

　　结构方程模型（Structural Equation Modeling，简称 SEM）是一种多元统计分析技术。它综合了因子分析、回归分析、路径分析等统计手段的优点，同时避免了它们的不足。这种统计方法可以使研究者对某一理论模型进行假设检验，通过考察该模型与实证数据之间的拟合程度来判断理论模型的优劣，进而对模型做出修正或取舍。该统计手段于 20 世纪 70 年代提出，90 年代在心理学、社会学、管理学等学科中被广泛使用。二语习得领域也经常使用这种统计方法。

　　到目前为止，介绍结构方程模型的书籍多从心理学、管理学等领域举例，讲解虽然详尽，但是对我国语言教育及二语习得领域的研究人员来说，总有一种不解渴、不接地气的感觉。我个人认为，这是由于应用语言学界的研究者对于书中的例子不够熟悉，造成了学习困难。不仅如此，现有书籍多数比较厚重，让人看了外观就有畏难情绪，不想继续翻阅了。此外，现有书籍鲜有对结构方程模型检验结果在学术论文汇报中如何撰写的介绍；也未能提供相应练习巩固所学知识；使用的软件也多为需要编程的 LISREL 或 EQS。为此，我认为有必要编写一本适合第二语言研究工作者的简明 SEM 教程，介绍检验结果如何在论文中汇报，并通过练习运用所学知识，达到举一反三的目的；所用软件也避开编程类型，转而以窗口型的 AMOS 作为软件依托。

　　除上述总体特色外，作为一本实践性很强的工具书，与同类书籍相比，本书具有以下特点：

- 案例讲解法。本书共用八个案例讲解了 SEM 中的常见模型：即测量模型和结构模型。这八个案例系统介绍了 SEM 的软件操作、结果解读和学术论文汇报格式。所有 SEM 的高级用法均可以分解到这八个案例中。掌握了这些内容，还有利于学习其他多变量统计方法。

- 按照由易到难、由简到繁的原则组织各章。除第一章和第二章外，其余各章结构如下：案例分析——AMOS 操作步骤——AMOS 结果解读——统计结果在学术论文中的表述——练习。这样的安排与实际研究步骤吻合，符合研究流程和逻辑。此外，简单、容易的章节放在前面，稍难、复杂的章节放在后面。而且，前面章节中的案例和练习为后面章节做好铺垫和准备，方便后续学习。换句话说，本书章节梯度安排合理、逻辑性强，便于读者使用。

- 学练结合、练中有学；视频辅助、便于理解。各章最后均配有和该章案例密切相关的练习。读者了解各章内容后再通过练习巩固所习知识，查缺补漏、举一反三。不仅如此，每章的课后练习均为学习下一章节做好必要的准备。读者在完成练习的过程中会学到新知识，获得新发现，学会新技能。此外，为了弥补纸质媒介较为单调的呈现方式，各章练习均通过视频讲解的方式呈现，一来作为纸质媒介的有益补充，二来给读者带来更为直观的学习感受。

全书结构及使用建议

全书共八章。第一章对结构方程模型做了概述。第二章对 AMOS 软件做了概述。第三章到第八章由简到繁系统介绍了测量模型、结构模型、测量模型多组分析和结构模型多组分析四大类 SEM 常用统计方法。此外，书后还配有四个附录，均为笔者设计和使用过的调查问卷，旨在帮助读者更好地理解各章节案例，同时也可作为参考资料。

读者可以根据自己对 SEM 的了解情况采用不同的方法使用本书：

- 如果您已经熟悉 SEM 的基本原理和 AMOS 的基本操作，那么建议您通过翻看各章实例所建立的模型决定先读哪一章。阅读过程中，如果需要向前翻阅，就按照文章中所指的图标检索相应章节即可。

- 如果您对 SEM 了解不多，那么建议您从头看起，认真完成各章课后练习，并与视频讲解中的参考答案对照；确定真正理解之后，再进入下一章学习。如果觉得某个章节过难，可以暂时停在那里，把前面章节内容复习一下，查缺补漏。等熟练之后，再阅读后续章节，效果会更好。

适用读者

本书最适合有使用结构方程模型需求但又无法获得面对面指导的高校外语教师自学使用。此外，本书也适合用作高校外语教师的高级统计方法短期培训教材：其内容简洁，不会让学习者望而生畏，更容易激发其自信心和好奇心。另外，它还适合外语教育类硕士研究生和低年级博士研究生阅读，可作为他们研究方法课程的参考手册。

真诚感谢

第一次听说结构方程模型，是在 2005 年攻读博士学位初期与导师高一虹教授的一次谈话中。她建议我去找书看看，学习一下，说不定什么时候可以用得上。当时，我对基础统计手段比较熟悉，可对多变量高级统计手段还很陌生。找书来看，也似懂非懂，觉得很难。幸好赶上王立非教授在北京外国语大学的一场讲座，让我第一次接触到结构方程模型，领略到了它的魅力。

如果说以上两位老师让我知晓了 SEM 这个术语，那么下面这位老师是带我入门的领路人：我的统计学启蒙老师——哈尔滨师范大学心理学系的崔洪弟。是他教会了我统计基础，是他带我学习 SPSS 软件，也是他让我学会了 AMOS 软件。记得那是 2006 年的暑假，我回哈尔滨探亲，顺路去拜访崔老师。还没等我坐稳，他就问我想不想学 AMOS。当时我兴奋的心情难以言表——困扰我的难题竟然有老师愿意带着我一起探索。崔老师见我学习热情高涨，他也很开心。我们师徒二人就这样学开来了，一学就是整整两天。他系统而清晰的讲解，让我茅塞顿开。之前阅读过程中的困惑也都得到了解答。

说到阅读，我觉得在当时理解能力有限的情形下，韩宝成、王立非、鲍贵、秦晓晴、文秋芳、吴红云、温忠麟、侯杰泰、张雷、吴明隆等老师的书和文章对我颇有帮助。我在想，之所以能和崔老师在两天之内学完 AMOS 软件，除了崔老师的系统讲解之外，我之前读过的书和文章也起了很大作用。这好比我做了一年多的预习工作，汇总了所有的困惑；在有老师带路的情形下，我就解开了这些困惑，顺利渡过难关，入了门。

学懂了不见得能说明白。导师高一虹教授经常给我创造机会，让我把所学的知识讲给身边的同学听。我第一次与大家分享结构方程模型学习心得是在 2007 年春天。我的同学刘熠、王大方、侯建波、芮晓松、刘宏刚，还有高老师项目组的成员均参加了那次活动。那次经历我记忆犹新：他们提出的"刁钻"问题一次次把我逼问得哑口无言。但正是那些问题，激励我更加深入地学习结构方程模型，不断探索，不断提高。

我还要感谢外语教学与研究出版社高英分社的段长城和解碧琰。她们的鼓励让我有勇气把自己对结构方程模型的心得汇集成书。她们及时的提醒和温和的督促，让我在繁重的工作之余终于顺利完成了书稿。我还要特别感谢编辑金绍康。他细致的校对和精彩的建议为本书增添了色彩。

可以说，没有上述老师、同学和同行，我对结构方程模型的了解也不会这么深入，也不大可能有现在这本书。我真诚地感谢他们以不同形式给予我的帮助。他们给我的指点让我受益匪浅，但本书不妥之处均由我自己承担。

温馨提示

结构方程模型是一种多变量统计手段，能解决第二语言研究中的不少问题。但是，它也不是万能的，甚至有很多不足之处。比如，它依然假定变量之间的关系是线性的；它依然不能证明变量之间的因果关系；它无法证明某一理论模型是最佳模型等。也就是说，无论统计功能有多么强大，都无法解决所有问题。说到底，还是研究问题至上，它决定应该使用何种统计方法。所以说，结构方程模型也仅能帮助研究者解决适合用它来解决的研究问题，而无法解决所有问题。

本书定位在结构方程模型入门级别，因此，仅介绍了最为常用的基础模型。其他类型的结构方程模型，如二阶验证性因子分析、潜在变量增长模型、交互模型等本书均未涉及。这些就留给读者自己去探索了。

　　笔者是一名普通的英语老师，结构方程模型与其他统计手段对我来说都是工具。我只是把我对这个工具的使用心得写了下来，与大家分享。我真诚地希望读者朋友给我"拍砖"，让我们在这个过程中都有更大的进步。

许宏晨

外交学院

2018 年 2 月

第一章　结构方程模型概述

第二语言研究中的推断统计可以帮助研究者寻找研究变量之间的差异，如 t 检验、方差分析、卡方检验等；它也可以帮助研究者寻找变量之间的关联，如相关分析、回归分析等。但上述统计手段所能解决的问题有限——当变量较多且关系复杂时，就需要使用其他统计手段进行处理，结构方程模型就是其中之一。

1.1　基本特点

结构方程模型英文为 Structural Equation Modeling，简称 SEM，是一种建立、估计和检验变量间关系的多元统计分析技术；20 世纪 70 年代由瑞典统计学家 Jöreskog 及 Sörbom 提出并逐步改进，20 世纪 90 年代得到广泛应用。SEM 是一种对理论模型进行假设检验的统计建模技术，多被应用在心理学、社会学、管理学、行为科学及语言教学等领域中。

SEM 综合了因子分析（factor analysis）、回归分析（regression analysis）和路径分析（path analysis）等统计手段的特点，同时规避了它们的弊端。探索性因子分析能从纷繁复杂的题项中提取潜在变量（即因子），从而达到压缩题项数量，得出抽象概念的目的。但当因子数目确定，且每个因子下的题项数目也确定时，若想验证这些因子和题项之间关系，探索性因子分析就没那么有用了。多元回归分析可以检验多个自变量对一个因变量的解释程度。但当自变量之间存在较高共线性，且因变量不止一个时，多元回归分析就没那么有用了。路径分析能够同时检验多个变量之间的相互关系，但它直接使用观测变量进行检验，且假定各变量不含测量误差，这与科学研究的实际情况通常不符。相比之下，SEM 能同时处理多个因变量（包括观测变量和潜在变量）；容许自变量和因变量含有测量误差；能同时处理观测变量、潜在变量及误差项；能直接验证因子与题项之间的关系；还能直观地揭示出潜在变量之间的关系，并估计出理论模型与实际数据之间的拟合程度。

SEM 使用图形表示变量间的关系（图 1.1）：方形表示观测变量，即原始数据中的变量；椭圆形表示潜在变量（也称概念变量），它在原始数据中并不存在，要通过若干个观测变量来测得；单箭头表示解释关系（也称回归关系）；双箭头表示相关关系；带有单箭头的圆形表示误差项。

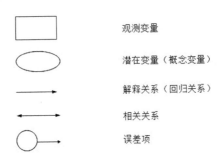

观测变量

潜在变量（概念变量）

解释关系（回归关系）

相关关系

误差项

图 1.1　SEM 变量表示法

1.2　基本类型

结构方程模型有两种基本类型：测量模型（measurement model）和结构模型（structural model）。最简单的测量模型由一个潜在变量（latent variable）和它的若干个观测变量（observed variable）以及误差项（error）构成（图 1.2）。图 1.2 中的 X 表示一个潜在变量，q1 到 q5 表示测量 X 的五个观测变量，e1 到 e5 表示这五个观测变量在测量 X 时各自存在的误差。复杂一点的测量模型通常由若干个潜在变量及其观测变量和误差项构成（图 1.3）。图 1.3 中的 X1、X2 和 X3 分别表示三个潜在变量，q1 到 q5 表示测量 X1 的五个观测变量，e1 到 e5 表示这五个观测变量的误差项。q6 到 q9 表示测量 X2 的四个观测变量，e6 到 e9 表示这四个观测变量的误差项。q10 到 q12 表示测量 X3 的三个观测变量，e10 到 e12 表示这三个观测变量的误差项。值得注意的是，一个潜在变量至少要由三个观测变量测得。此外，复杂测量模型中的潜在变量两两之间要通过双箭头连接起来，表示彼此相关。

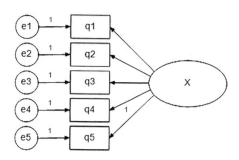

图 1.2　简单测量模型

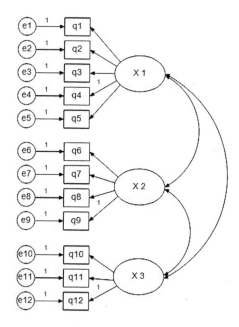

图 1.3　复杂测量模型

最简单的结构模型由一个复杂的测量模型和一个简单的测量模型构成（图 1.4）。图 1.4 左侧是一个复杂的测量模型，由 X1、X2 和 X3 三个潜在变量构成；右侧是一个简单的测量模型，由 Y 这个潜在变量构成。在 SEM 的术语中，X1、X2 和 X3 又被称为外生变量（exogenous variable），相当于自变量，是影响其他变量的变量；Y 被称为内生变量（endogenous variable），相当于因变量，是受其他变量影响的变量。需要注意的是，外生变量到内生变量由单箭头连接，表示解释（或称回归）关系。ey 表示内生变量 Y 的误差项。需要注意的是，在 SEM 中，如果一个观测变量或潜在变量被单箭头指向，那么它一定需要误差项。复杂一点的结构模型需在简单的结构模型基础上增加新的内生变量（图 1.5）。Z 是新增加的内生变量，本例中它由四个观测变量测得，且它不但被 X1、X2 和 X3 影响，同时还受 Y 的影响。此外，X1、X2 和 X3 还通过 Y 间接影响 Z。这时，Y 被称为中介变量（mediated variable）。

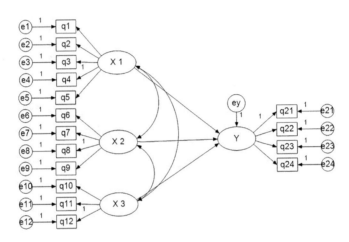

图 1.4　简单结构模型（无中介变量）

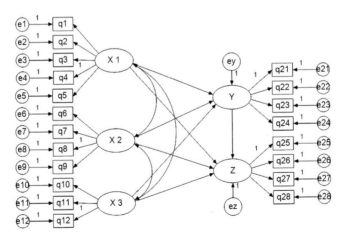

图 1.5　复杂结构模型（有中介变量）

以上图例仅是抽象概括，在实际使用中会有变化。研究者需要根据自己的研究问题和理论假设构建初始模型。在后续章节中，笔者会通过实例分别介绍各种模型的使用方法。

1.3　基本指标

与其他推断统计手段类似，SEM 也需要完成参数估计和假设检验两项主要统计任务。但与其他统计手段不同之处在于，SEM 的参数估计量更多，假设检验结果不仅仅提供显著水平，还提供拟合度（fitness）等其他指标。研究者需要综合考虑上述结果再作出最后的统计决断。

就参数估计数量而言，SEM 需要估计四类参数：潜在变量之间的相关关系或者解释关系；潜在变量与观测变量之间的解释关系；误差项与观测变量之间的关系；误差项之间的相关关系。也就是说，一个 SEM 中需要估计的参数个数就是模型所有单箭头和双箭头数量的总和。以图 1.2 为例，这个模型中需要估计的参数共计 10 个，因为有 10 个单箭头。再以图 1.4 为例，这个模型中需要估计的参数共计 39 个，因为有 36 个单箭头和 3 个双箭头。

就参数估计方法而言，SEM 主要使用四种方法来进行估计：最大似然法（maximum likelihood，简称 ML）、一般最小平方法（generalized least squares，简称 GLS）、未加权最小平方法（unweighted least squares，简称 ULS）和渐进分布自由法（asymptotic distribution free，简称 ADF）。ADF 法适用于极度偏态的大样本，但要求样本量须为理论模型自由参数的十倍。ULS 法通常不需要符合某种统计分布的假定，它在数据不符合统计分布假定时也能获得稳定的统计结果。当数据违反多元正态分布假定时，GLS 法的估计结果更为可靠。当数据符合多元正态分布假定时，ML 法的估计结果更为可靠。但近年来研究表明，ML 也可以用于轻微非正态分布的数据估计。本书只用 ML 法作为参数估计的方法，因为它的好处是可以不考虑样本数据的分布状态和样本量的大小。此外，它也是 AMOS 软件默认的参数估计方法。

就假设检验而言，SEM 与其他统计方法相比有以下两点显著差异。第一，由于 SEM 旨在考察理论模型与数据之间的吻合程度，因此，期待 p 值大于

0.05；这样才能够得出理论模型与数据之间无显著差异的结论，即理论模型得到数据支持。第二，由于 SEM 采用卡方值作为统计量，在样本数增大时，卡方值也会变大，导致 p 值小于或等于 0.05 而迫使研究者拒绝可能已经是比较合理的理论模型。所以，除了卡方值以外，还要参考其他体现理论模型与数据吻合优劣程度的指标，常用的指标如下：

拟合优度指数（goodness-of-fit index，简称 GFI）和校正拟合优度指数（adjusted goodness-of-fit index，简称 AGFI）主要表示理论模型与数据的拟合程度是否完好。这两个指标的取值范围在 0 到 1 之间；一般认为大于等于 0.90 时，理论模型与数据拟合良好。

比较拟合指数（comparative fit index，简称 CFI）与 GFI 和 AGFI 检验方法不同。CFI 假定理论模型是所有模型中最差的一个，因此它要考察理论模型与数据之间的差异有多大。这个指标的取值范围也在 0 到 1 之间；一般认为大于等于 0.90 时，"假想中最差的"理论模型与数据的差异最大，换句话说，理论模型得到了数据的支持。

残差均方和平方根（root mean square residual，简称 RMR）和渐进残差均方和平方根（root mean square error of approximation，简称 RMSEA）从残差的角度考察理论模型与数据的吻合程度。这两个指标表示理论模型无法得到数据支持的程度：即残差越大，理论模型与数据的吻合程度越差。这两个指标的取值范围也在 0 到 1 之间；一般认为，RMR 小于等于 0.10、RMSEA 小于等于 0.08 时，理论模型与数据之间的吻合程度更好。

最后还有一组指标是卡方值与自由度之比（CMIN/DF）。之所以使用这种方法是因为卡方值容易受到样本量的影响增大，使 p 值达到显著水平，而迫使研究者拒绝本来可能已经十分合理的理论模型。因此，统计学家们将自由度考虑进来，通过比值的方法来检验理论模型与数据的拟合情况。一般认为，卡方值与自由度之比小于等于 2 时，理论模型与数据拟合良好。但也有研究者将标准放宽到 5，即当卡方值与自由度之比小于等于 5 时，就认为理论模型与数据拟合良好，可以接受。

为便于读者查阅，笔者将上述指标汇总如下（表 1.1）。需要注意的是，表1.1 中提供的取值范围仅供参考，不能机械地将其标准化。在 SEM 统计决断中，要综合考虑以下指标，只要绝大多数指标都在参考范围之内，即认为该理论模型可以接受。但即便如此，我们也无法断定某个理论模型是唯一最佳模型，因为还有其他模型也可能得到同一批数据的支持。研究者在使用 SEM 作出判断之前要结合自身学科和专业知识作出合乎逻辑的取舍。

表 1.1　SEM 常用拟合指标取值参考范围一览表

指标名称	CMIN/DF	p	GFI	AGFI	CFI	RMR	RMSEA
参考范围	≤ 5	> 0.05	≥ 0.90	≥ 0.90	≥ 0.90	≤ 0.10	≤ 0.08

练习一 [1]

不定项选择：下列每题均有五个备选项目，其中至少有一个符合题意。

1. 下列属于推断统计的是（　　）。

    A. 平均数

    B. 标准差

    C. 方差分析

    D. 卡方检验

    E. 结构方程模型

2. 与结构方程模型密切相关的统计方法有（　　）。

    A. 因子分析

    B. 平均数

    C. 路径分析

    D. 众数

    E. 回归分析

3. 下列有关结构方程模型表示法的叙述，正确的有（　　）。

    A. 方形表示潜在变量

    B. 椭圆表示潜在变量

1　各章练习讲解视频见：http://heep.unipus.cn/support/list.php?SeriesID=70&SubSeriesID=753（需注册后下载）。

C. 单箭头表示解释关系

D. 双箭头表示解释关系

E. 误差项用方形表示

4. 下列有关测量模型的叙述，正确的有（　　）。

A. 测量模型中须含有观测变量

B. 测量模型中不能含有误差项

C. 测量模型中的潜在变量须是原始数据中的变量

D. 一个最简单的测量模型中至少含有三个观测变量

E. 测量模型中的单箭头表示相关关系

5. 下列有关结构模型的叙述，正确的有（　　）。

A. 结构模型中一定有内生变量和外生变量

B. 结构模型中的外生变量之间须为相关关系

C. 结构模型中的内生变量只能有一个

D. 结构模型中的内生变量须带有误差项

E. 结构模型中须有中介变量

6. 下列有关结构方程模型参数估计的叙述，正确的有（　　）。

A. SEM 的参数估计个数就是模型中所有单箭头的个数

B. SEM 的参数估计个数就是模型中所有双箭头的个数

C. SEM 的参数估计个数是模型中所有单箭头和双箭头的个数之和

D. SEM 的参数估计方法只能用最大似然法

E. SEM 的参数估计方法选择与样本数据分布形态有很大关系

7. 下列有关结构方程模型统计指标的叙述，正确的有（　　）。

A. 只有当 p 大于 0.05 时，才能说明理论模型得到了数据支持

B. 卡方值与自由度之比是判断理论模型是否可以被接受的最重要依据

C. GFI 和 AGFI 都是拟合优度指标

D. RMR 小于等于 0.10 时，说明理论模型与数据之间的吻合度较高

E. 只有所有拟合指标全部达到取值参考范围，才能断定理论模型可以接受

8. 下列有关结构方程模型与其他统计手段关系的说法，正确的有（　　）。

　　A. 与 t 检验相比，SEM 更为高级

　　B. 与 SEM 相比，方差分析显得十分粗浅

　　C. SEM 与其他统计手段一样，都是为研究问题服务的

　　D. 从 SEM 的角度看，路径分析其实是一种特例

　　E. 多元回归分析可以看做是 SEM 的一个特例

9. 下列有关理论模型与数据之间的关系的说法，正确的有（　　）。

　　A. 只要理论模型在学理上成立，就一定能够得到数据的支持

　　B. 只要理论模型得到了数据支持，就一定是最佳模型

　　C. 只要理论模型得到了数据支持，就一定是唯一模型

　　D. SEM 是验证性的，所以要以理论模型为起点

　　E. SEM 带有探索性质，必要时可以对理论模型进行调整

10. 下列有关结构方程模型中数据类型的说法，正确的有（　　）。

　　A. SEM 计算只能使用定距数据

　　B. SEM 计算只能使用平均数

　　C. SEM 计算只能使用定序数据

　　D. SEM 计算只能使用定类数据

　　E. SEM 计算只能使用相关系数

第二章　AMOS 17.0 软件概述

　　能够进行结构方程模型计算的软件众多，常见的有 LISREL、EQS 和 Mplus 等。但这些软件或多或少需要使用者自己编辑程序，这对人文社会科学研究者来说非常不便。由美国心理学家 Arbuckle 开发的 AMOS（Analysis of Moment Structures）软件以其人性化的视窗设计和便捷的图表化操作在文科研究中越来越受到青睐。此外，AMOS 与 SPSS 软件关联使用，可以直接调用 SPSS 数据进行计算，无需进行数据转换。这对于习惯使用 SPSS 软件的研究者来说更为便利。本书以 AMOS 17.0 版本视窗模块（AMOS Graphics）为依托介绍结构方程模型的基本情况和常用操作。AMOS 17.0 以上版本的情况与此相似，读者可举一反三。

2.1　AMOS Graphics 操作界面

　　打开 AMOS Graphics 之后，将会出现图 2.1 所示的窗口界面。与众多应用软件类似，该软件窗口最上方显示的是标题栏。由于这是初始状态，所以标题栏显示"Unnamed project: Group number 1: Input"。如果点击保存，并且重新命名，那么新的文件名将会显示在标题栏中（详见 2.2.2 小节）。

　　标题栏下面是菜单栏。从左到右依次为文件（File）、编辑（Edit）、视图（View）、绘图（Diagram）、分析（Analyze）、工具（Tools）、插件（Plugins）和帮助（Help）。这些菜单中包含各种工具，但事实上研究者很少从中选取，因为常用的工具均被列在窗口左侧的三列工具栏中。

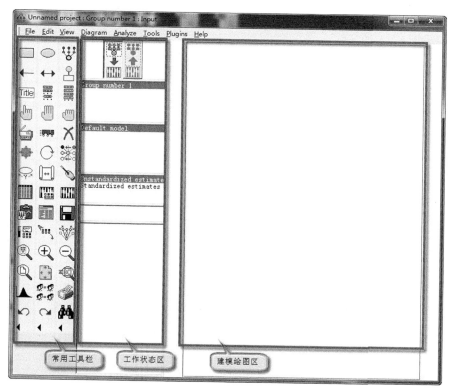

图 2.1 AMOS Graphics 17.0 工作界面

这三列常用工具栏包含 42 个功能图标，主要来自 File、Edit、View、Diagram、Analyze 菜单，用户可以将鼠标移动到每个图标上以显示该图标的功能（参见表 2.1）。每一列工具图标最后都有一个三角图标，供用户根据自身需要随时增减相应列上的工具图标。但通常我们保留系统默认的工具图标，并不进行增加或删除操作。

表 2.1 AMOS Graphics 17.0 常用工具栏图标功能说明

序号	第一列	第二列	第三列
1	□绘制观测变量	○绘制潜在变量	⬚绘制观测—潜在变量
2	←绘制回归路径	↔绘制相关路径	⬚绘制误差变量

（待续）

11

（续表）

序号	第一列	第二列	第三列
3	添加文字说明	列出模型中的变量	列出数据中的变量
4	选择一个对象	选择所有对象	退选被选对象
5	复制所选对象	移动所选对象	×删除对象
6	改变所选对象形状	旋转观测变量位置	对调观测变量位置
7	移动参数位置	重新定位路径图	修正路径箭头
8	读入数据文件	设定运算条件	提交系统运算
9	复制路径图	查看输出结果	保存路径图
10	设定对象性质	复制对象性质	调整对象间距
11	放大所选区域	放大路径图	缩小路径图
12	全屏显示路径	调整路径图	放大所选区域
13	贝叶斯分析	多组分析	打印路径图
14	撤销操作	恢复操作	特定条件查找

　　常用工具栏右侧是工作状态区。这个区域由上到下分为六个子区：数据—模型转换显示区、组别显示区、模型类别显示区、参数估计显示区、计算状态显示区、文件名称显示区。其中最为重要的是数据—模型转换显示区右侧的图标，它表示理论模型与数据之间的拟合运算是否成功。如果运算后，该图标由不可点击的灰色变为可以点击的红色，就说明运算成功，研究者可以点击它查看检验结果。

　　占据窗口主要部分的是建模绘图区。研究者可根据自己的理论构想，在这里绘制测量模型或者结构模型，等待提交系统进行检验运算。接下来，笔者以一份问卷数据为实例讲解如何在这个区域绘制测量模型和结构模型。

2.2　AMOS Graphics 基本操作

2.2.1　绘制及调整模型

在笔者设计并使用过的《中学生英语学习动机态度调查问卷》中（附录A），选取四个题项测量学生的"英语语言态度"：题号分别为q1、q2、q3和q19[1]。为了检验"英语语言态度"这个潜在变量及其四个题项之间的关系，我们需要先建立一个测量模型（图2.2）。

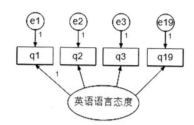

CMIN/DF=\CMINDF p=\p
GFI=\GFI AGFI=\AGFI CFI=\CFI
RMSEA=\RMSEA RMR=\RMR

图2.2　"英语语言态度"测量模型

具体操作步骤及注意事项如下：

步骤1：点击3-1图标[2]后，将鼠标移至建模绘图区。这时鼠标会变为3-1图标形状。此时，在建模绘图区中间位置按住鼠标左键向右下方拖拽成一个合适大小的圆形（或椭圆形）。

步骤2：将鼠标移至该圆内。这时，圆边界变红。在圆内，单击鼠标左键四次，便会出现四个大小均等、被单箭头指向且带有误差项的方格。有的单箭头上带有数字"1"，这是系统自动生成的，不必理会。

步骤3：在第一个方格中，单击鼠标右键，再用鼠标左键单击Object Properties，打开相应对话框（图2.3）。

1　由于SPSS数据格式要求变量不能仅用阿拉伯数字，因此需要在其前面加上字母或者汉字。

2　为便于查阅和操作，笔者使用编号方式指代常用工具栏中的图标。每个图标由两个阿拉伯数字构成，第一个数字表示常用工具栏由左到右的列序号，第二个数字表示该列中由上到下的图标号。比如，3-1图标指的是工具栏第三列的第一个图标，2-2图标指的是工具栏第二列的第二个图标。以此类推。各图标功能含义详见表2.1。

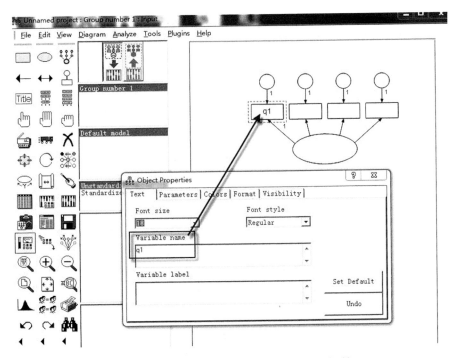

图 2.3　Object Properties 对话框 Text 标签

步骤 4：在该对话框中 Text 标签下的 Variable name 下空白区域内键入观测变量的名称。此处需要键入的是 q1。随即，q1 就会出现在第一个方格中。

步骤 5：用鼠标左键单击第二个方格，继续在 Variable name 下空白区域内键入观测变量名称。此处需要键入的是 q2。重复这个步骤，直到所有方格全部填满变量名称。

步骤 6：方格填满后，利用步骤 5 的方法填满误差项即带有单箭头的圆形。通常说来，误差项的命名可以从 1 开始重新连续编号。但笔者建议研究者对误差项的命名最好与相应的方格名称保持一致，以便于后续操作。按照这个原则，q2 的误差项应命名为 e2，q19 的误差项应命名为 e19。以此类推，直到所有误差项全部填满。

步骤 7：方格及其误差项填写完毕后，利用步骤 5 的方法填写潜在变量（即椭圆形）的名称。这个名称可以用英文，也可以用中文。本例中可填写"英语语言态度"。

步骤8：点击1-3图标后，在建模绘图区内单击鼠标左键，打开Figure Caption对话框（图2.4）。在Caption下空白区域内，分行键入模型拟合优度指标。此步骤有两点需要研究者注意：第一，请注意大小写、斜杠及反斜杠的位置；第二，图示的这些拟合优度指标最为常用，但并不是穷尽性的，研究者可以根据自身需要增添其他项目。

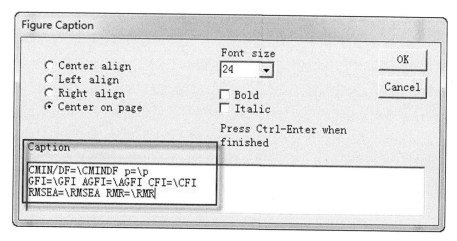

图2.4 Figure Caption 对话框

以上步骤完成后，一个简单的测量模型便建立起来了。建立模型过程中有三点需要格外注意：第一，潜在变量的名称（本例中为"英语语言态度"）不能出现在原始数据文件中；第二，各题项的名称（本例中为q1、q2、q3和q19）必须是原始数据文件中已有的变量，且名称与原始数据文件中的相应变量名一致；第三，模型下方表示拟合优度的各项指标可以省略，但为了便于结果解读，建议将其保留，它的优势在后续章节中会体现出来。

如果想建立一个由两个或多个简单测量模型构成的复杂测量模型，首先需要重复上述步骤1到步骤7，直到把所有简单测量模型均绘制到建模绘图区内。然后，点击2-2图标，将所有潜在变量（即椭圆形）两两连接起来。最后，再执行步骤8即可（参见图1.3）。

如果想建立一个结构模型，也需要先重复上述步骤1到步骤7，直到把所有简单测量模型均绘制到建模绘图区内。然后，点击2-2图标，用双箭头将表示外生变量（相当于自变量）的椭圆形两两连接起来；再点击1-2图标，用单箭头将所有外生变量与相当于因变量的内生变量椭圆形两两连接起来（参见图1.4和图1.5）。此时还需注意，被单箭头指向的内生变量要增加误差项。操作方法是点击3-2图标后在相应的内生变量椭圆形内单击一次鼠标左键。如果觉得所添加的误差项位置影响图形整体美观，可以在内生变量椭圆形内反复点击鼠标左键，直到误差项所处位置令研究者满意为止。

在上述过程中，为了保持模型整体美观，通常的做法是先建立一个简单测量模型。然后点击2-4图标，选中这个测量模型（此时，该模型中的所有方格、误差项、单箭头全部变蓝）。之后再点击1-5图标，复制这个测量模型（复制方法为：在原测量模型的任何方格、误差项或圆形内按住鼠标左键，向外拖拽）。复制成功后，若觉得新模型不够美观，还可以点击2-5图标，移动新复制出来的测量模型至其他位置；或点击2-6图标，在新复制出来的测量模型中表示潜在变量的椭圆形内反复点击，旋转这个新模型至合适位置。如果新复制出来的测量模型中有多余的方格和误差项，那么可以点击3-5图标，将其删除。删除方格和误差项时需要格外注意，不要删除带有数字1的单箭头所指向的方格。如果新复制出来的测量模型需要增加一个方格和误差项，那么可以点击3-1图标，并在新模型中表示潜在变量的椭圆形内单击一次鼠标左键；需要增加几个方格和误差项，就单击几次。如果想取消2-4图标的功能，点击3-4图标即可（此时，模型线条变黑）。如果想选中模型中的某个项目而非整个模型，那么需要点击1-4图标，并单击模型中相应的项目（选中后，该项目变蓝）。同理，如需取消1-4图标的功能，点击3-4图标即可。

2.2.2　保存及调用模型

完成上述步骤后，研究者需要保存刚刚建立的模型。具体方法如下：

步骤1：为刚刚建立的模型新建一个同名文件夹。本例为"英语语言态度的测量模型"，那么就先建立一个同名的文件夹，比如"英语语言态度（测量模型）"。这样做的好处是便于研究者在后续工作中检索和查询。

步骤2：点击3-9图标，便会出现文件保存对话框。选择刚刚新建的文件夹，并为新建立的模型命名。此处需要说明的是，模型的文件名可以用中文，也可以用英文。不论使用哪种语言，最好与文件夹名称保持一致，便于后续工作调用。保存后，在相应文件夹中会出现一个扩展名为 amw 的文件，这就是结构方程模型文件。今后调用时，直接双击这个文件名，便可将其打开。还有一点需要说明：与 amw 文件同时生成的还有其他扩展名文件，比如 amp 文件、bk1 文件、bk2 文件、AmosTN 文件等。这些文件是系统自动生成的，并会被软件自动保存在这个新建的文件夹下。研究者在使用时不要将其删除，否则会影响调用 amw 文件的操作。文件保存成功后，会在标题栏上有体现（图 2.5）。

图 2.5　文件保存操作后标题栏状态

练习二

1. 依照本章 2.2.1 小节步骤 1 到步骤 8，建立英语语言态度的测量模型：其中潜在变量是"英语语言态度"，观测变量是 q1、q2、q3、q4、q17、q18 和 q19。
2. 在第一题的测量模型内，删除三个观测变量 q4、q17 和 q18。并将新模型调整到整齐美观的状态。
3. 在第二题的测量模型基础上，增加英语教学态度测量模型：其潜在变量是"英语教学态度"，观测变量是 q6、q8、q9、q21、q22、q24、q38、q39 和 q49。并将"英语语言态度"和"英语教学态度"两个简单测量模型构造成一个复杂测量模型。

第三章　简单测量模型

简单测量模型是验证性因子分析（confirmatory factor analysis，简称 CFA）的基本形式，旨在考察一个潜在变量与其观测变量及误差项之间的关系。这种关系是抽象概念与具体事例之间的呼应关系。如果一个潜在变量与其观测变量之间的呼应关系良好，那么就会得到数据支持。本章以《中学生英语学习动机态度调查问卷》（见附录 A）中的"英语语言态度"维度[1]为例，介绍简单测量模型的建立、检验、结果解读与论文汇报等问题。

3.1　实例分析

在问卷中，选取 q1、q2、q3 和 q19 四个题项测量"英语语言态度"。这四个题项是否可以反映"英语语言态度"这个维度？

根据题意，研究者拟考察潜在变量（"英语语言态度"）与其四个观测变量之间的呼应关系。这是 CFA 的一个简单实例：含有一个潜在变量、四个观测变量的简单测量模型。研究者需要根据模型与数据的拟合程度综合判断该维度的优劣。

3.2　初步拟合 AMOS 操作步骤

首先，研究者须根据 2.2.1 及 2.2.2 小节中的有关步骤绘制"英语语言态度"测量模型（图 3.1），并保存至同名文件夹下。之后再执行以下操作步骤。

1　通常说来，问卷中用里克特量表或语义差异量表测得的各个"维度"在 SEM 中就是指潜在变量。

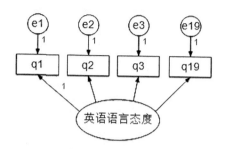

CMIN/DF=\CMINDF p=\p
GFI=\GFI AGFI=\AGFI CFI=\CFI
RMSEA=\RMSEA RMR=\RMR

图 3.1　"英语语言态度"测量模型

步骤 1：点击 1-8 图标，打开 Data Files 对话框（图 3.2）。点击 File Name 按钮，打开"第三章初步拟合用数据[1]"。再点击 OK 按钮，将对话框关闭。至此，便打开了数据文件。

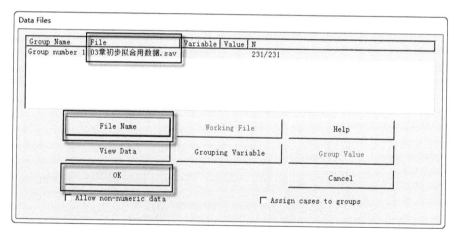

图 3.2　Data Files 对话框

步骤 2：点击 2-8 图标，打开 Analysis Properties 对话框（图 3.3）。选

1　通常说来，结构方程模型分析要求数据样本量在 200—300 之间，这时，模型与数据的拟合结果更为可信。如果整理后的原始数据样本量极大，那么最好采用随机抽样的方法，从中抽取 200—300 个构成若干个新的子样本备用。子样本至少要有两个：一个用于初步拟合检验，另一个用于复核检验。SPSS 软件中 Data 菜单下的 Select Cases 命令可以实现上述操作。具体方法见其他书籍，本书不再赘述。

择 Output 标签，并勾选其中 Minimization history、Standardized estimates 和 Modification indices 三个项目。然后，点击对话框右上角的关闭按钮。这一步操作是要求 AMOS 软件在输出统计结果时提供相应的检验指标。如果没有勾选上述项目，则无法获得标准化估计值、模型修正指数等检验结果。

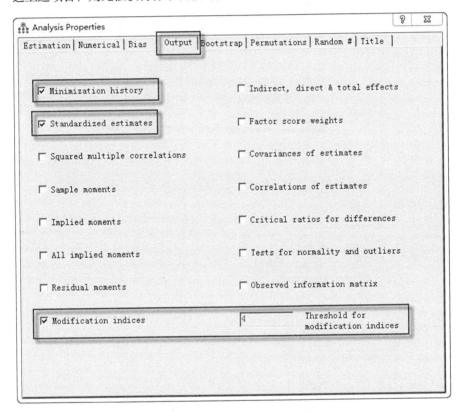

图 3.3　Analysis Properties 对话框

步骤 3：点击 3-8 图标，命令 AMOS 软件执行统计运算。如果运算成功，那么工作状态区就会有相应的变化。第一个变化就是数据—模型转换按钮右侧的图标由原先无法点击的灰色变为可以点击的红色（图 3.4）。此时，若点击右侧的按钮，即可从模型中直观地查看到相关指标。第二个变化就是计算状态显示区列出了统计计算的主要过程和指标（图 3.5）。但这一区域的内容仅供参考，初学者可暂时忽略其中的信息。

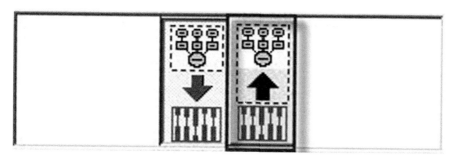

图 3.4　工作状态区——数据—模型转换按钮

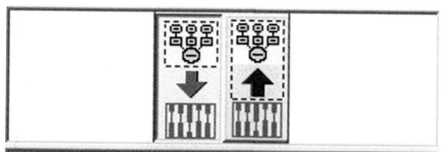

图 3.5　工作状态区——计算状态显示区

3.3 初步拟合 AMOS 输出结果解读

点击图 3.4 中右侧的红色按钮，在建模绘图区就会显示"英语语言态度"测量模型的非标准化系数（图 3.6）。这时，误差项、因子负荷以及潜在变量的非标准化系数已全部被估算出来。此外，模型图下方还显示出 CMIN/DF、*p*、GFI、AGFI、CFI、RMSEA 以及 RMR 等指标。但是，该图中的非标准化系数并不是我们在论文汇报中需要用的，所以，此图提供的信息可以忽略。

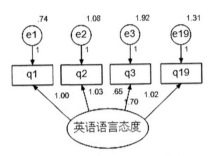

CMIN/DF=1.000 p=.368
GFI=.996 AGFI=.978 CFI=1.000
RMSEA=.000 RMR=.044

图 3.6 "英语语言态度"测量模型非标准化系数

此时，点击工作状态区中的第四个区域，即参数估计显示区（图 3.7）中的 Standardized estimates，那么建模绘图区的模型上就会显示标准化系数。这是我们需要在论文中汇报的指标（图 3.8）。

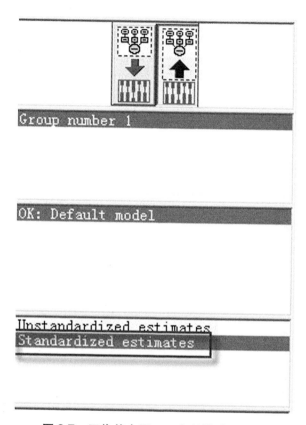

图 3.7 工作状态区——参数估计显示区

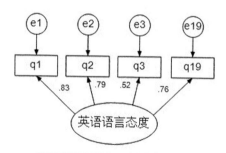

CMIN/DF=1.000 p=.368
GFI=.996 AGFI=.978 CFI=1.000
RMSEA=.000 RMR=.044

图 3.8 "英语语言态度"测量模型标准化系数

图 3.8 显示，英语语言态度测量模型与数据拟合得很好：CMIN/DF 值小于 5，p 值大于 0.05，GFI、AGFI、CFI、RMSEA 以及 RMR 等指标均在建议范围之内（参见表 1.1）。测量潜在变量"英语语言态度"的四个题项与其呼应关系良好：所有标准化回归系数（即由圆形指向方块的单箭头）均在 0.5 以上。

上述指标均被列在 Amos Output 文件中。点击 2-9 图标，打开 Amos Output 对话框。点击左上区域中的 Estimates，即可查阅参数估计值[1]（图 3.9）。点击左上区域中的 Model Fit，即可查阅模型拟合指标（图 3.10）。

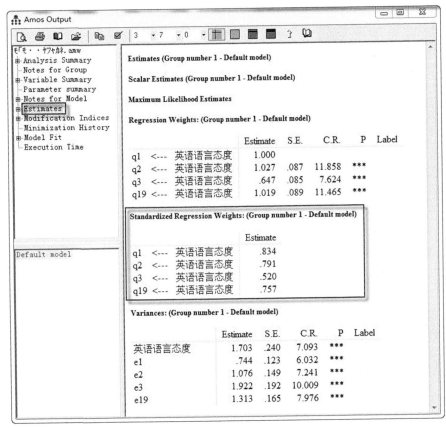

图 3.9 "英语语言态度"测量模型输出结果——参数估计值

---

1 AMOS 软件默认的参数估计方法为最大似然估计法。

Model Fit Summary

CMIN

Model	NPAR	CMIN	DF	P	CMIN/DF
Default model	8	1.999	2	.368	1.000
Saturated model	10	.000	0		
Independence model	4	333.831	6	.000	55.639

RMR, GFI

Model	RMR	GFI	AGFI	PGFI
Default model	.044	.996	.978	.199
Saturated model	.000	1.000		
Independence model	1.143	.539	.231	.323

Baseline Comparisons

Model	NFI Delta1	RFI rho1	IFI Delta2	TLI rho2	CFI
Default model	.994	.982	1.000	1.000	1.000
Saturated model	1.000		1.000		1.000
Independence model	.000	.000	.000	.000	.000

（1）

Parsimony-Adjusted Measures

Model	PRATIO	PNFI	PCFI
Default model	.333	.331	.333
Saturated model	.000	.000	.000
Independence model	1.000	.000	.000

NCP

Model	NCP	LO 90	HI 90
Default model	.000	.000	7.835
Saturated model	.000	.000	.000
Independence model	327.831	271.653	391.421

FMIN

Model	FMIN	F0	LO 90	HI 90
Default model	.009	.000	.000	.034
Saturated model	.000	.000	.000	.000
Independence model	1.451	1.425	1.181	1.702

（2）

RMSEA

Model	RMSEA	LO 90	HI 90	PCLOSE
Default model	.000	.000	.131	.551
Independence model	.487	.444	.533	.000

AIC

Model	AIC	BCC	BIC	CAIC
Default model	17.999	18.355	45.539	53.539
Saturated model	20.000	20.444	54.424	64.424
Independence model	341.831	342.009	355.601	359.601

ECVI

Model	ECVI	LO 90	HI 90	MECVI
Default model	.078	.078	.112	.080
Saturated model	.087	.087	.087	.089
Independence model	1.486	1.242	1.763	1.487

HOELTER

Model	HOELTER .05	HOELTER .01
Default model	690	1060
Independence model	9	12

(3)

图 3.10　"英语语言态度"测量模型输出结果——拟合指标

需要提醒读者的是，图 3.10 中会提供众多拟合指标，但不是所有指标均要在论文中汇报。一般说来，只需汇报图中被方框圈定的各项指标。由于检验之后查阅该表比较繁琐，所以笔者建议，在建立模型之初，就将这些指标列在模型下方。这样更便于统计分析和结果解读，也便于将统计结果拷贝粘贴至其他文件中（参见 2.2.1 小节中步骤 8）。

3.4　复核检验 AMOS 操作步骤

一般说来，结构方程模型分析要求对理论模型进行两次检验。第一次即初步拟合运算，旨在考察理论模型与数据的拟合程度；第二次即复核检验，旨在考察理论模型的稳定性。通常的做法是，将整理后的原始数据通过随机抽样的方法形成两个或多个子样本，每个子样本的样本量控制在 200—300 之间。本例中，整理后的原始样本量接近 5000 个，笔者在样本中做了两次随机抽样，每次抽取其中约 5% 的个体构成子样本：初步拟合用数据（231 人），复核检验用数据（223 人）。前一组数据已经在初步拟合时使用过。在复核检验时，使用后一组数据。

　　重复 3.2 小节中的步骤 1，并调取"第三章复核检验用数据"。然后，重复 3.2 小节的步骤 2 和步骤 3，就会得到如图 3.11 所显示的结果。

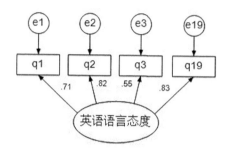

CMIN/DF=.384 p=.681
GFI=.998 AGFI=.992 CFI=1.000
RMSEA=.000 RMR=.024

图 3.11　"英语语言态度"测量模型复核检验

3.5　复核检验 AMOS 输出结果解读

　　图 3.11 显示，CMIN/DF、p、GFI、AGFI、CFI、RMSEA 以及 RMR 等指标均已达到建议范围（参见表 1.1）；所有标准化回归系数（即代表潜在变量的椭圆形指向方块的单箭头）均在 0.50 以上。复核检验结果亦表明，由 q1、q2、q3 和 q19 四个题项测量"英语语言态度"这个潜在变量的理论构想得到了数据支持，测量潜在变量"英语语言态度"的四个题项与其呼应关系良好；该测量模型稳定、可靠。

3.6 APA学术论文结果汇报实例

两次验证性因子分析结果均表明，由q1、q2、q3和q19四个题项测量"英语语言态度"这个潜在变量的理论构想得到了数据支持（图3.12、图3.13）。CMIN/DF、p、GFI、AGFI、CFI、RMSEA以及RMR等指标均已达到参考范围（表3.1）；所有标准化回归系数均在0.50以上。测量潜在变量"英语语言态度"的四个题项与其呼应关系良好；该测量模型稳定、可靠。

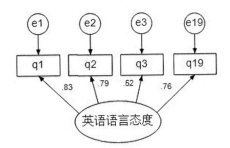

CMIN/DF=1.000 p=.368
GFI=.996 AGFI=.978 CFI=1.000
RMSEA=.000 RMR=.044

图3.12 "英语语言态度"测量模型初步拟合

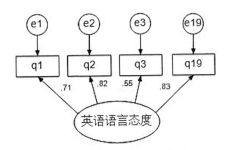

CMIN/DF=.384 p=.681
GFI=.998 AGFI=.992 CFI=1.000
RMSEA=.000 RMR=.024

图3.13 "英语语言态度"测量模型复核检验

表 3.1　"英语语言态度"测量模型拟合指标

指标名称	CMIN/DF	p	GFI	AGFI	CFI	RMR	RMSEA
参考范围	≤ 5	> 0.05	≥ 0.90	≥ 0.90	≥ 0.90	≤ 0.10	≤ 0.08
初步拟合	1.000	0.368	0.996	0.978	1.000	0.044	0.000
复核检验	0.384	0.681	0.998	0.992	1.000	0.024	0.000

练习三

1. 使用第三章初步拟合用数据[1]和第三章复核检验用数据检验由 q2、q3、q4 和 q17 四个题项测量的"英语语言态度"这个潜在变量的测量模型的拟合指标。将检验结果与本章例题检验结果进行比较，你有何发现？如何解释这种发现？

2. 使用第三章初步拟合用数据和第三章复核检验用数据检验由 q6、q8、q9、q21、q22、q24、q38、q39 和 q49 九个题项测量的"英语教学态度"这个潜在变量的测量模型的拟合指标。你有何发现？你有何解决方案？

1　数据资源请见：http://heep.unipus.cn/support/list.php?SeriesID=70&SubSeriesID=753（需注册后下载）。

第四章　复杂测量模型

复杂测量模型是由两个及两个以上简单测量模型构成的，因此也是验证性因子分析的一种形式。复杂测量模型旨在考察几个潜在变量与其观测变量及误差项之间的呼应关系。同时，它还考察这几个潜在变量之间的关系。如果几个潜在变量及其观测变量和误差项构成的模型关系良好，那么就会得到数据支持。本章以《中学生英语学习动机态度调查问卷》（见附录A）中的"英语语言态度"和"英语教学态度"两个维度为例，介绍复杂测量模型的建立、检验、结果解读与论文汇报等问题。

4.1　实例分析

在问卷中，选取q1、q2、q3和q19四个题项测量"英语语言态度"；选取q6、q8、q9、q21、q22、q38、q39和q49八个题项测量"英语教学态度"。以上两个维度构成的量表是否可以反映"英语态度"这个构念？

根据题意，研究者拟考察两个潜在变量（"英语语言态度"和"英语教学态度"）与其各自的观测变量之间的呼应关系；此外，还要考察两个潜在变量之间的相互关系。这是CFA模型：含有2个潜在变量、共计12个观测变量的复杂测量模型。研究者需要根据模型与数据的拟合程度综合判断该维度的优劣。

4.2　初步拟合 AMOS 操作步骤

首先，研究者须根据2.2.1及2.2.2小节中的有关步骤将"英语语言态度"和"英语教学态度"复杂测量模型绘制在一个区域内（图4.1），并保存至同名文件夹下。之后再执行后续操作步骤。其中两个潜在变量之间的双箭头是通过2-2图标绘制的。具体方法是：点击2-2图标；在绘图区域内从一个潜在变量的椭圆形边缘开始（此时该潜在变量边缘变红），按住鼠标左键拖拽至另一个潜在变量的椭圆形边缘，再抬起鼠标左键，一个双箭头即绘制完毕。

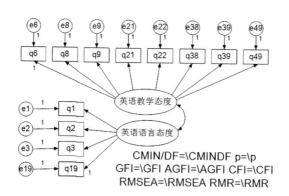

图 4.1　"英语语言态度"和"英语教学态度"测量模型

步骤 1：点击 1-8 图标，打开 Data Files 对话框（参见图 3.2）。点击 File Name 按钮，打开"第三章初步拟合用数据"。再点击 OK 按钮，将对话框关闭。至此，便打开了数据文件。

步骤 2：点击 2-8 图标，打开 Analysis Properties 对话框（参见图 3.3）。选择 Output 标签，并勾选其中 Minimization history、Standardized estimates 和 Modification indices 三个项目。然后，点击对话框右上角的关闭按钮。这一步操作是要求 AMOS 软件在输出统计结果时提供相应的检验指标。如果没有勾选上述项目，则无法获得标准化估计值、模型修正指数等检验结果。

步骤 3：点击 3-8 图标，命令 AMOS 软件执行统计运算。如果运算成功，那么工作状态区中数据—模型转换按钮右侧的图标由原先无法点击的灰色变为可以点击的红色（参见图 3.4）。此时，若点击右侧的按钮，即可从模型中直观地查看到相关指标。

4.3　初步拟合 AMOS 输出结果解读

点击图 3.4 中右侧的红色按钮，在建模绘图区就会显示"英语语言态度"和"英语教学态度"复杂测量模型的非标准化系数（图 4.2）。这时，误差项、因子负荷以及潜在变量的非标准化系数已全部被估算出来。此外，模型图下方还显示出 CMIN/DF、p、GFI、AGFI、CFI、RMSEA 以及 RMR 等指标。但是，该图中的非标准化系数并不是我们在论文汇报中需要用的，所以，此图提供的信息可以忽略。

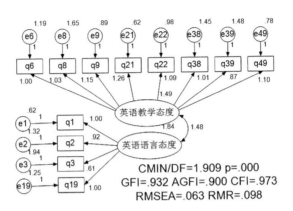

图 4.2 "英语语言态度"和"英语教学态度"测量模型非标准化系数

此时，点击工作状态区中的第四个区域即参数估计显示区（参见图 3.7）中的 Standardized estimates，建模绘图区的模型上就会显示标准化系数。这是我们需要在论文中汇报的指标（图 4.3）。

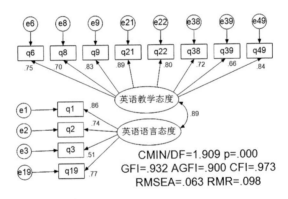

图 4.3 "英语语言态度"和"英语教学态度"测量模型标准化系数

图 4.3 显示，"英语语言态度"和"英语教学态度"构成的复杂测量模型（即"英语态度"这个构念）与数据拟合尚可。CMIN/DF 值小于 5，GFI、AGFI、CFI、RMSEA 以及 RMR 等指标均在建议范围之内（参见表 1.1）。唯独 p 值小于 0.05，未达到建议范围。这种情况在复杂测量模型以及之后几章讲到的结构模型检验中十分常见，主要是因为结构方程模型通过卡方值计算拟合优劣程度。由于卡方值极容易受到样本容量大小的影响，所以，当样本容量比较

大时，p 值就会小于 0.05。需要注意的是，与 t 检验、方差分析等不同，在结构方程模型检验中，p 值并不占据绝对主导地位，研究者需要结合其他拟合指标综合评价模型是否得到了数据的支持。也就是说，即便 p 值小于 0.05，如果其他拟合指标均在参考范围内，且模型中的标准化回归系数均达到显著水平，那么就可以认定相应理论模型得到了数据的支持。在本例中，研究者可以认定这个复杂测量模型得到了数据支持："英语态度"这个构念成立。

上述指标均被列在 Amos Output 文件中。点击 2-9 图标，打开 Amos Output 对话框，点击该对话框左上区域中的 Estimates，即可查阅参数估计值（图 4.4）。点击该对话框左上区域中的 Model Fit，即可查阅模型拟合指标（图 4.5）。

Estimates (Group number 1 - Default model)

Scalar Estimates (Group number 1 - Default model)

Maximum Likelihood Estimates

Regression Weights: (Group number 1 - Default model)

			Estimate	S.E.	C.R.	P	Label
q6	<---	英语教学态度	1.000				
q8	<---	英语教学态度	1.034	.096	10.823	***	
q9	<---	英语教学态度	1.153	.088	13.081	***	
q21	<---	英语教学态度	1.258	.089	14.159	***	
q22	<---	英语教学态度	1.094	.087	12.611	***	
q38	<---	英语教学态度	1.014	.091	11.090	***	
q19	<---	英语语言态度	1.000				
q3	<---	英语语言态度	.614	.080	7.637	***	
q2	<---	英语语言态度	.921	.081	11.407	***	
q1	<---	英语语言态度	.999	.073	13.648	***	
q49	<---	英语教学态度	1.104	.084	13.179	***	
q39	<---	英语教学态度	.867	.086	10.081	***	

(1)

Standardized Regression Weights: (Group number 1 - Default model)

			Estimate
q6	<---	英语教学态度	.745
q8	<---	英语教学态度	.701
q9	<---	英语教学态度	.831
q21	<---	英语教学态度	.890
q22	<---	英语教学态度	.804
q38	<---	英语教学态度	.717
q19	<---	英语语言态度	.772
q3	<---	英语语言态度	.512
q2	<---	英语语言态度	.736
q1	<---	英语语言态度	.865
q49	<---	英语教学态度	.836
q39	<---	英语教学态度	.657

(2)

Covariances: (Group number 1 - Default model)

			Estimate	S.E.	C.R.	P	Label
英语教学态度	<-->	英语语言态度	1.478	.194	7.622	***	

Correlations: (Group number 1 - Default model)

			Estimate
英语教学态度	<-->	英语语言态度	.893

(3)

Variances: (Group number 1 - Default model)

	Estimate	S.E.	C.R.	P	Label
英语教学态度	1.494	.229	6.514	***	
英语语言态度	1.836	.274	6.692	***	
e6	1.194	.121	9.900	***	
e8	1.653	.164	10.088	***	
e9	.893	.097	9.250	***	
e21	.617	.075	8.180	***	
e22	.977	.103	9.514	***	
e38	1.453	.145	10.029	***	
e39	1.478	.145	10.225	***	
e49	.784	.085	9.185	***	
e19	1.245	.140	8.875	***	
e3	1.943	.189	10.291	***	
e2	1.316	.142	9.254	***	
e1	.617	.089	6.894	***	

(4)

图 4.4 "英语语言态度"和"英语教学态度"测量模型参数估计值

Model Fit Summary

CMIN

Model	NPAR	CMIN	DF	P	CMIN/DF
Default model	25	101.192	53	.000	1.909
Saturated model	78	.000	0		
Independence model	12	1821.093	66	.000	27.592

RMR, GFI

Model	RMR	GFI	AGFI	PGFI
Default model	.098	.932	.900	.633
Saturated model	.000	1.000		
Independence model	1.430	.230	.090	.195

Baseline Comparisons

Model	NFI Delta1	RFI rho1	IFI Delta2	TLI rho2	CFI
Default model	.944	.931	.973	.966	.973
Saturated model	1.000		1.000		1.000
Independence model	.000	.000	.000	.000	.000

(1)

Parsimony-Adjusted Measures

Model	PRATIO	PNFI	PCFI
Default model	.803	.758	.781
Saturated model	.000	.000	.000
Independence model	1.000	.000	.000

NCP

Model	NCP	LO 90	HI 90
Default model	48.192	23.587	80.602
Saturated model	.000	.000	.000
Independence model	1755.093	1619.626	1897.932

FMIN

Model	FMIN	F0	LO 90	HI 90
Default model	.440	.210	.103	.350
Saturated model	.000	.000	.000	.000
Independence model	7.918	7.631	7.042	8.252

(2)

RMSEA

Model	RMSEA	LO 90	HI 90	PCLOSE
Default model	.063	.044	.081	.123
Independence model	.340	.327	.354	.000

AIC

Model	AIC	BCC	BIC	CAIC
Default model	151.192	154.187	237.252	262.252
Saturated model	156.000	165.346	424.509	502.509
Independence model	1845.093	1846.530	1886.402	1898.402

ECVI

Model	ECVI	LO 90	HI 90	MECVI
Default model	.657	.550	.798	.670
Saturated model	.678	.678	.678	.719
Independence model	8.022	7.433	8.643	8.028

HOELTER

Model	HOELTER .05	HOELTER .01
Default model	162	182
Independence model	11	13

(3)

图 4.5 "英语语言态度"和"英语教学态度"测量模型拟合指标

需要提醒读者的是，图 4.4 中除了提供标准化回归系数等结果之外（见 Estimate 列），还提供了这些系数的显著性检验结果（见 P 列）。一般说来，各标准化系数的 p 值要小于或等于 0.05。图 4.4 中 P 列中的三个星号表示相关系数在 $\alpha=0.001$ 水平上显著。如果 P 列中显示的不是星号而是数字，就需要和 0.05 进行比较。通常说来，如果某个系数未达到显著水平（即 $p > 0.05$），那么应该将模型图中相应的方框及其连带部分删除。这样做的原因是要使模型达到最佳状态，提高其与数据的拟合度。图 4.5 中提供了众多拟合指标，但不是所有指标均要在论文中汇报。一般说来，只需汇报图中被方框圈定的各项指标。

4.4 复核检验 AMOS 操作步骤

与简单测量模型检验过程相同，复杂测量模型也需要进行复核检验。初步拟合检验以及复核检验所用数据文件的有关说明已在 3.4 小节阐释，此处不再赘述。

重复 4.2 小节中的步骤 1，并调取"第三章复核检验用数据"。然后，重复 4.2 小节的步骤 2 和步骤 3，就会得到如图 4.6 所显示的结果。

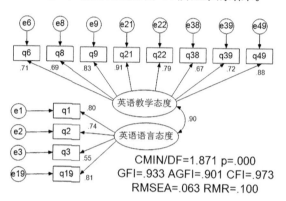

图 4.6 "英语语言态度"和"英语教学态度"测量模型复核检验

4.5 复核检验 AMOS 输出结果解读

图 4.6 显示，CMIN/DF、GFI、AGFI、CFI、RMSEA 以及 RMR 等指标均已达到建议范围（参见表 1.1）；所有标准化回归系数（即代表潜在变量的椭圆形指向方块的单箭头）均在 0.50 以上。但是 p 值仍然小于 0.05。鉴于对图 4.3 的讨论中已经说明了如何看待这个结果，此处不再赘述。复核检验结果亦表明，由 q1、q2、q3 和 q19 四个题项测量的"英语语言态度"以及由 q6、q8、q9、q21、q22、q38、q39 和 q49 八个题项测量的"英语教学态度"构成的"英语态度"构念得到了数据支持，潜在变量"英语语言态度"及"英语教学态度"与各自的观测变量（即题项）呼应关系良好；该测量模型稳定、可靠。

4.6 APA 学术论文结果汇报实例

两次验证性因子分析结果均表明，由 q1、q2、q3 和 q19 四个题项测量的"英语语言态度"以及由 q6、q8、q9、q21、q22、q38、q39 和 q49 八个题项测量的"英语教学态度"构成的"英语态度"构念得到了数据支持（图 4.7、图 4.8）。CMIN/DF、GFI、AGFI、CFI、RMSEA 以及 RMR 等指标均已达到参考范围（表 4.1）；所有标准化回归系数均在 0.50 以上。但由于样本量较大，p 值小于 0.05。综合上述指标，潜在变量"英语语言态度"及"英语教学态度"与各自的观测变量（即题项）呼应关系良好；该测量模型稳定、可靠。

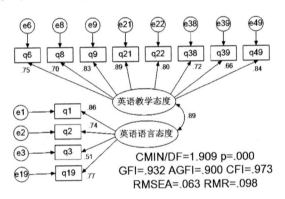

图 4.7 "英语语言态度"和"英语教学态度"测量模型初步拟合

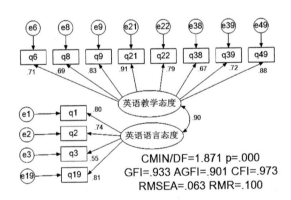

图 4.8 "英语语言态度"和"英语教学态度"测量模型复核检验

表 4.1 "英语语言态度"和"英语教学态度"测量模型拟合指标

指标名称	CMIN/DF	p	GFI	AGFI	CFI	RMR	RMSEA
参考范围	≤ 5	> 0.05	≥ 0.90	≥ 0.90	≥ 0.90	≤ 0.10	≤ 0.08
初步拟合	1.900	0.000	0.932	0.900	0.973	0.098	0.063
复核检验	1.871	0.000	0.933	0.901	0.973	0.100	0.063

练习四

一份英语语法期末试卷分为"理论知识"和"实践运用"两个维度。以试卷前九个题项为例，q1、q2、q4、q5、q7 和 q8 这六个题项测量了"实践运用"维度；q3、q6 和 q9 这三个题项测量了"理论知识"维度。现要考察该试卷的两个维度形成的"英语语法"构念是否可靠[1]。（提示：请使用练习四初步拟合用数据和练习四复核检验用数据完成此题；尤其注意观测变量的选取。）

---

[1] 读者可参考附录 B 获取关于此题背景更为详尽的信息。

第五章 无中介变量的结构模型

第三章和第四章介绍的是测量模型。这类模型主要用来考察抽象概念（或称构念）及其与各自观测变量之间的关联。说到底，测量模型考察的还是相关关系。在第二语言研究中，研究者有时借助理论对某一现象提出关系设想。这种设想通常是解释性的，也就是我们常说的回归关系：用一个或者多个变量去解释另外一个或者多个变量。这类模型称为结构模型，它是以测量模型为基础的。结构模型可分为两类：一类含有中介变量（参见图 1.5），另一类不含中介变量（参见图 1.4）。无中介变量的结构模型较为简单，也是有中介变量的结构模型的基础。因此，本章以《中学生英语学习动机态度调查问卷》（附录 A）中的"英语语言态度"和"英语教学态度"为自变量，以"英语学习动机"为因变量介绍无中介变量的结构模型的建立、检验、模型修正、结果解读、论文汇报等问题。

5.1 实例分析

根据 Gardner（1985）的社会教育模型（the socio-educational model），态度对动机及其作用方式会产生影响[1]。为此，研究者设想，"英语语言态度"和"英语教学态度"对"英语学习动机"会产生影响。以上设想是否能够得到数据支持？

根据题意，研究者拟将两个潜在变量（"英语语言态度"和"英语教学态度"）作为自变量，将另一个潜在变量（"英语学习动机"）作为因变量构造结构模型，并考察自变量对因变量的解释作用。这是较为典型的结构方程模型。该理论模型中的"英语语言态度"由附录 A 中选取的 q1、q2、q3 和 q19四个题项测得；"英语教学态度"由选取的 q6、q8、q9、q21、q22、q38、q39和 q49 八个题项测得；"英语学习动机"由选取的 q14、q16、q25、q29、q31、q32、q36 和 q43 八个题项测得。研究者需要根据理论模型与数据的拟合程度综合判断其优劣。

1　参见文献 Gardner, R. C. (1985). *Social Psychology and Second Language Learning: The Role of Attitudes and Motivation*. London: Edward Arnold.

5.2 初步拟合 AMOS 操作步骤

一般说来，构造结构模型之前，要对其中的每个测量模型先进行检验。也就是说，要先保证每个测量模型的有效性，再构造结构模型。其实，这种检验就是第三章中讲到的对简单测量模型的拟合检验。具体操作步骤此处不再赘述。

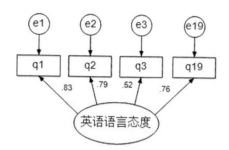

CMIN/DF=1.000 p=.368
GFI=.996 AGFI=.978 CFI=1.000
RMSEA=.000 RMR=.044

图 5.1 "英语语言态度"测量模型

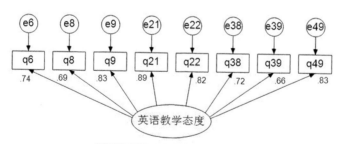

CMIN/DF=1.357 p=.131
GFI=.971 AGFI=.949 CFI=.994
RMSEA=.039 RMR=.063

图 5.2 "英语教学态度"测量模型

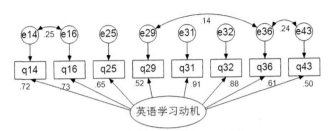

CMIN/DF=1.279 p=.195
GFI=.976 AGFI=.949 CFI=.995
RMSEA=.035 RMR=.068

图 5.3 "英语学习动机"测量模型

图 5.1、图 5.2 和图 5.3 显示，三个潜在变量的测量模型均达到统计要求，可以进行结构模型构造。

首先，研究者须根据 2.2.1 及 2.2.2 小节中的有关步骤将"英语语言态度"、"英语教学态度"和"英语学习动机"绘制在一个区域内（图 5.4），重新命名为"'英语态度—学习动机'结构模型"，并保存至同名文件夹下。图 5.4 中"英语语言态度"和"英语教学态度"两个潜在变量之间的双箭头是通过 2-2 图标绘制的。具体方法是：点击 2-2 图标；在绘图区域内从一个潜在变量的椭圆形边缘开始（此时该潜在变量边缘变红），按住鼠标左键拖拽至另一个潜在变量的椭圆形边缘，再松开鼠标左键，一个双箭头即绘制完毕。图 5.4 中由"英语语言态度"和"英语教学态度"指向"英语学习动机"的两个单箭头是通过点击 1-2 图标绘制的。具体方法是：点击 1-2 图标；在绘图区域内从一个潜在变量的椭圆形边缘开始（此时潜在变量边缘变红），按住鼠标左键拖拽至另一个潜在变量的椭圆形边缘，再松开鼠标左键，一个单箭头即可绘制完毕。此时还需注意，由于"英语学习动机"潜在变量被单箭头指向，所以要给它增加误差项。操作方法是点击 3-2 图标后在"英语学习动机"所在椭圆内单击一次鼠标左键。如果觉得所添加的误差项位置不利于图形整体美观，可以在该椭圆内反复点击鼠标左键，直到误差项所处位置令研究者满意为止。

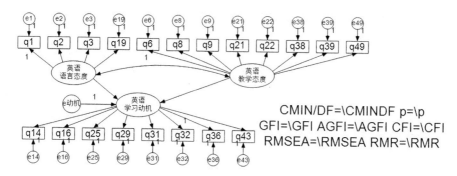

图 5.4 "英语态度—学习动机"结构模型

步骤 1：点击 1-8 图标，打开 Data Files 对话框（参见图 3.2）。点击 File Name 按钮，打开"第五章初步拟合用数据"。再点击 OK 按钮，将对话框关闭。至此，便打开了数据文件。

步骤 2：点击 2-8 图标，打开 Analysis Properties 对话框（参见图 3.3）。选择 Output 标签，并勾选其中 Minimization history、Standardized estimates 和 Modification indices 三个项目。然后，点击对话框右上角的关闭按钮。这一步操作是要求 AMOS 软件在输出统计结果时提供相应的检验指标。如果没有勾选上述项目，则无法获得标准化估计值、模型修正指数等检验结果。

步骤 3：点击 3-8 图标，命令 AMOS 软件执行统计运算。如果运算成功，那么工作状态区中数据—模型转换按钮右侧的图标由原先无法点击的灰色变为可以点击的红色（参见图 3.4）。此时，若点击右侧的按钮，即可从模型中直观地查看到相关指标。

5.3 初步拟合 AMOS 输出结果解读及模型修正

点击图 3.4 中右侧的红色按钮，在建模绘图区就会显示"英语态度—学习动机"结构模型的非标准化系数（图 5.5）。这时，误差项、因子负荷以及潜在变量的非标准化系数已全部被估算出来。此外，模型图下方还显示出 CMIN/DF、p、GFI、AGFI、CFI、RMSEA 以及 RMR 等指标。但是，该图中的非标准化系数并不是我们在论文汇报中需要用的，所以，此图提供的信息可以忽略。

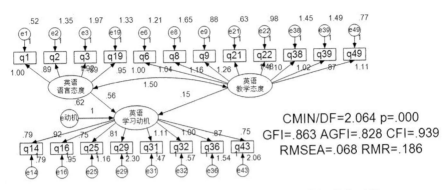

图 5.5 "英语态度—学习动机"结构模型非标准化系数

此时，点击工作状态区中的第四个区域，即参数估计显示区（参见图 3.7）中的 Standardized estimates，建模绘图区的模型上就会显示标准化系数。这是我们需要在论文中汇报的指标（图 5.6）。

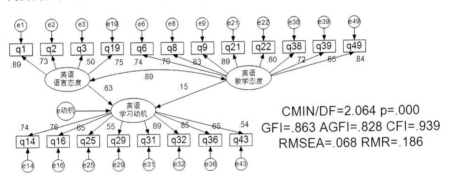

图 5.6 "英语态度—学习动机"结构模型标准化系数

图 5.6 显示，"英语态度—学习动机"结构模型与数据拟合得不够好。CMIN/DF、*p*、GFI、AGFI、CFI、RMSEA 以及 RMR 等七项指标中，有四项未在建议范围之内（参见表 1.1）。出现这种情况，通常要根据理论框架和修正指标对模型进行调整。具体方法如下：点击 2-9 图标，打开 Amos Output 对话框，点击该对话框左上区域中的 Modification Indices，即可查阅模型修正指标（图 5.7）。

Modification Indices (Group number 1 - Default model)

Covariances: (Group number 1 - Default model)

			M.I.	Par Change
e43	<-->	英语_教学态度	5.183	.164
e43	<-->	e动机	9.393	-.266
e36	<-->	英语_教学态度	35.025	.373
e36	<-->	英语_语言态度	12.187	-.258
e36	<-->	e动机	21.558	-.352
e36	<-->	e43	9.257	.373
e14	<-->	e36	10.761	-.256
e16	<-->	英语_教学态度	4.679	-.109
e16	<-->	英语_语言态度	4.164	.121
e16	<-->	e36	4.500	-.182
e16	<-->	e14	12.138	.218
e25	<-->	e16	4.141	.152
e31	<-->	e43	4.292	-.161
e32	<-->	e动机	6.034	.120
e32	<-->	e43	4.455	-.170
e32	<-->	e31	12.524	.152
e49	<-->	e43	6.295	.228
e49	<-->	e16	4.755	-.139
e38	<-->	e36	4.902	.231
e38	<-->	e29	4.255	.260
e22	<-->	英语_教学态度	5.582	.120
e22	<-->	英语_语言态度	7.582	-.166
e22	<-->	e36	6.676	.228
e22	<-->	e14	10.754	-.211
e22	<-->	e16	5.405	-.164
e22	<-->	e31	4.104	.113
e21	<-->	e22	6.948	.160
e8	<-->	e21	5.117	-.174
e6	<-->	e动机	4.490	-.144
e6	<-->	e32	7.822	-.176
e6	<-->	e49	4.127	-.143
e19	<-->	英语_教学态度	4.928	.132
e19	<-->	英语_语言态度	4.047	-.139
e19	<-->	e21	7.569	.199
e3	<-->	e39	15.298	.458
e2	<-->	英语_教学态度	4.622	-.128
e1	<-->	e动机	6.810	.135
e1	<-->	e39	9.079	-.219
e1	<-->	e19	7.490	-.190

图 5.7　"英语态度—学习动机"结构模型修正指标 1

图 5.7 显示了"英语态度—学习动机"结构模型的第一次修正指标，分为两组：协方差修正指标（Covariances）和回归权重修正指标（Regression Weights）。前者本质是相关，应把相应的两个项目用双箭头连接起来。后者本质是回归，应把相应的两个项目用单箭头连接起来。使用以上指标须遵循以下五项原则：（1）以协方差修正指标为准。（2）选取协方差修正指标中最大的 MI 值所对应的两项。（3）如果两个项目处在同一等级[1]，且在理论上也符合逻辑，那么就用双箭头将相应的两项连接起来。（4）如果两个项目不在同一等级，且其中一个是观测变量的误差项，那么应该首先考虑删除这个误差项及其观测变量。（5）每次模型修正只能针对 MI 值最大的一组项目进行。

按照上述原则，应该首先删除 e36 及其相应的 q36。这是因为 e36 与英语教学态度之间的协方差修正指标 MI 值为 35.025，是 MI 值最大的一个，而且 e36 与英语教学态度潜在变量并不在同一等级。按照上述原则（4），应该首先删除 e36 及其相应的 q36 之后再重新计算模型拟合指标。但需要注意的是，在删除一个观测变量之前，应该先考虑理论模型是否会受到本质性影响。以本题为例，q36 是测量英语学习动机潜在变量的一个观测变量。删除它后还有七个观测变量测量英语学习动机这个潜在变量，英语学习动机这个维度依然有效[2]，所以理论模型未受到本质性影响。删除 e36 和 q36 的具体方法为：点击 3-5 图标[3]，在相应的项目上（本例为 e36 和 q36）点击鼠标左键即可。此时模型如图 5.8 所示。

---

1 以图 5.7 为例，e36 与 e43 是同一等级的，e3 与 e39 也是同一等级的，因为它们都是观测变量的误差项。e36 和 e 动机不是同一等级的，因为前者是观测变量的误差项，后者是潜在变量的误差项。e36 与英语教学态度也不是同一等级的，因为前者是观测变量的误差项，后者是一个潜在变量。

2 一般说来，问卷中一个抽象维度下至少要有三个观测变量。否则，该维度不可靠。

3 如果此时无法点击该图标，请先点击工作状态区上方左侧的数据—模型转换按钮，切换到模型设定界面即可。

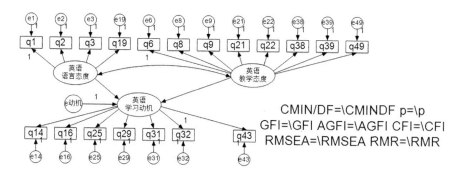

CMIN/DF=\CMINDF p=\p
GFI=\GFI AGFI=\AGFI CFI=\CFI
RMSEA=\RMSEA RMR=\RMR

图 5.8 "英语态度—学习动机"结构模型修正 1

修正后的模型需要重新进行拟合度检验运算，以考察模型修正后各拟合指标的变化情况。具体方法是重复 5.2 小节中的步骤 1 到步骤 3。拟合结果见图 5.9。

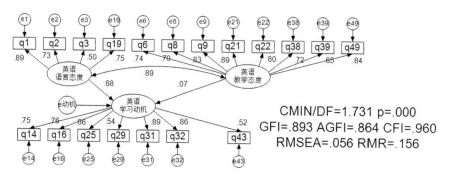

CMIN/DF=1.731 p=.000
GFI=.893 AGFI=.864 CFI=.960
RMSEA=.056 RMR=.156

图 5.9 "英语态度—学习动机"结构模型修正 1 标准化系数

图 5.9 显示，"英语态度—学习动机"结构模型与数据拟合指标有向好变化，但依然未达到建议范围（参见表 1.1）。这说明，还需要对模型进行修正。点击 2-9 图标，打开 Amos Output 对话框。点击该对话框左上区域中的 Modification Indices，即可查阅模型修正指标（图 5.10）。

Modification Indices (Group number 1 - Default model)

Covariances: (Group number 1 - Default model)

			M.I.	Par Change
e43	<-->	英语_教学态度	7.107	.194
e43	<-->	e动机	10.598	-.298
e16	<-->	e14	9.082	.184
e29	<-->	e动机	4.305	-.200
e32	<-->	e31	10.232	.136
e49	<-->	e43	6.569	.236
e49	<-->	e16	4.423	-.133
e38	<-->	e29	4.600	.273
e22	<-->	英语_教学态度	5.669	.121
e22	<-->	英语_语言态度	7.692	-.166
e22	<-->	e14	9.698	-.197
e22	<-->	e16	4.450	-.148
e22	<-->	e31	6.702	.146
e21	<-->	e22	6.911	.159
e8	<-->	e21	5.198	-.176
e6	<-->	e动机	4.513	-.150
e6	<-->	e32	6.825	-.164
e6	<-->	e49	4.127	-.143
e19	<-->	英语_教学态度	5.159	.135
e19	<-->	英语_语言态度	4.231	-.141
e19	<-->	e21	7.482	.198
e3	<-->	e39	15.270	.458
e2	<-->	英语_教学态度	4.512	-.126
e1	<-->	e动机	6.838	.141
e1	<-->	e39	9.066	-.218
e1	<-->	e19	7.447	-.189

图 5.10 "英语态度—学习动机"结构模型修正指标 2

图 5.10 显示，e3 和 e39 所对应的 MI 值最大（15.270），且两个误差项处于同一等级，可以用双箭头将其连接起来以便获得更好的拟合指标。但修正之前，应该先从理论角度考量其合理性。q3 对应的题项是"我发现英文中好多规则很难"。q39 对应的题项是"英语学习对我来说很容易"。通过对比可以发现，这两个题项其实内容相关，但是表述方式不同：q3 是从反向表述的，q39 是从正向表述的。理论上讲，可以把两者关联起来。因此，在图 5.8 的基础上，通过双箭头把 e3 和 e39 联系起来。具体方法为，点击 2-2 图标；在 e3 边缘开始（此时 e3 边缘变红），按住鼠标左键拖拽至 e39 的边缘，再松开鼠标左键，一个双箭头即绘制完毕（图 5.11）。

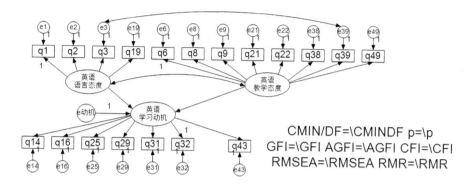

图 5.11　"英语态度—学习动机"结构模型修正 2

　　修正后的模型仍需重新进行拟合度检验运算，以考察模型修正后各拟合指标的变化情况。具体方法是重复 5.2 小节中的步骤 1 到步骤 3。拟合结果见图 5.12。

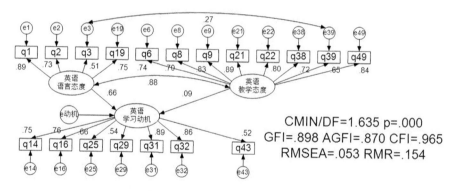

图 5.12　"英语态度—学习动机"结构模型修正 2 标准化系数

　　图 5.12 显示，"英语态度—学习动机"结构模型与数据拟合指标有向好变化，但依然未达到建议范围（参见表 1.1）。这说明，还需要对模型进行修正。点击 2-9 图标，打开 Amos Output 对话框。点击该对话框左上区域中的 Modification Indices，即可查阅模型修正指标（图 5.13）。

Modification Indices (Group number 1 - Default model)

Covariances: (Group number 1 - Default model)

			M.I.	Par Change
e43	<-->	英语_教学态度	7.255	.197
e43	<-->	e动机	10.564	-.297
e16	<-->	e14	9.094	.184
e29	<-->	e动机	4.302	-.199
e32	<-->	e31	10.241	.136
e49	<-->	英语_语言态度	4.344	.114
e49	<-->	e43	6.493	.235
e49	<-->	e16	4.476	-.134
e39	<-->	英语_语言态度	4.651	-.151
e38	<-->	e29	4.567	.271
e22	<-->	英语_教学态度	5.603	.121
e22	<-->	英语_语言态度	7.688	-.168
e22	<-->	e14	9.577	-.195
e22	<-->	e16	4.530	-.149
e22	<-->	e31	6.733	.146
e21	<-->	e22	6.474	.154
e8	<-->	e21	5.113	-.174
e6	<-->	e动机	4.701	-.153
e6	<-->	e32	6.921	-.165
e6	<-->	e49	4.085	-.143
e19	<-->	英语_教学态度	6.197	.150
e19	<-->	英语_语言态度	5.008	-.157
e19	<-->	e21	7.930	.204
e1	<-->	e动机	6.233	.133
e1	<-->	e39	5.827	-.168
e1	<-->	e19	8.090	-.197

图 5.13　"英语态度—学习动机"结构模型修正指标 3

图 5.13 显示，e43 和 e 动机所对应的 MI 值最大（10.564），但两个误差项不在同一等级。根据上述原则（4），应该将 e43 及其对应的观测变量 q43 删除。q43 是测量"英语学习动机"这一潜在变量的一个观测变量。删除它后还有六个观测变量测量英语学习动机这个潜在变量，英语学习动机这个维度依然有效，所以理论模型未受到本质性影响。删除 e43 和 q43 的具体方法为，点击3-5 图标，在相应的项目上点击鼠标左键即可。此时模型如图 5.14 所示。

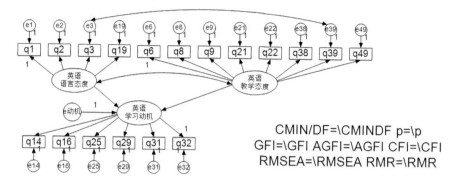

CMIN/DF=\CMINDF p=\p
GFI=\GFI AGFI=\AGFI CFI=\CFI
RMSEA=\RMSEA RMR=\RMR

图 5.14 "英语态度—学习动机"结构模型修正 3

再次重复 5.2 小节中的步骤 1 到步骤 3。第三次修正后的模型拟合指标见图 5.15。

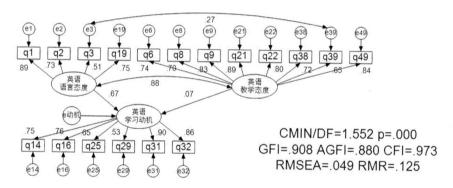

CMIN/DF=1.552 p=.000
GFI=.908 AGFI=.880 CFI=.973
RMSEA=.049 RMR=.125

图 5.15 "英语态度—学习动机"结构模型修正 3 标准化系数

图 5.15 显示,"英语态度—学习动机"结构模型与数据拟合指标有向好变化,尤其是 GFI 值已经达到建议范围(参见表 1.1)。这说明,之前三次的模型修正起到了作用。但是,研究者还需对模型继续进行修正。点击 2-9 图标,打开 Amos Output 对话框。点击该对话框左上区域中的 Modification Indices,即可查阅模型修正指标(图 5.16)。

Modification Indices (Group number 1 - Default model)

Covariances: (Group number 1 - Default model)

			M.I.	Par Change
e16	<-->	e14	9.248	.186
e29	<-->	e动机	4.789	-.216
e32	<-->	e16	4.443	-.115
e32	<-->	e31	6.710	.107
e49	<-->	英语_语言态度	4.231	.113
e39	<-->	英语_语言态度	4.700	-.152
e38	<-->	e29	4.556	.272
e22	<-->	英语_教学态度	5.588	.121
e22	<-->	英语_语言态度	7.671	-.168
e22	<-->	e14	9.384	-.193
e22	<-->	e16	4.383	-.147
e22	<-->	e31	7.620	.154
e21	<-->	e22	6.436	.153
e8	<-->	e21	5.116	-.174
e6	<-->	e动机	4.303	-.150
e6	<-->	e32	7.321	-.168
e6	<-->	e49	4.083	-.143
e19	<-->	英语_教学态度	6.179	.149
e19	<-->	英语_语言态度	4.996	-.156
e19	<-->	e21	7.881	.204
e1	<-->	e动机	6.165	.136
e1	<-->	e39	5.739	-.167
e1	<-->	e19	7.979	-.196

图 5.16 "英语态度—学习动机"结构模型修正指标 4

图 5.16 显示，e22 和 e14 所对应的 MI 值最大（9.384），且两个误差项处在同一等级。根据上述原则（3），可以将这两个误差项用双箭头连接起来。但是，研究者在做出修正之前，应该先确定 q22 和 q14 在理论层面上是否可以关联。问卷显示，q22 表示"我喜欢英语课，因为它比别的科目有趣"。而 q14 表示"我希望以后我能看懂英文原版电影"。以上两个题项测量的是不同的内容：q22 测量的是对英语课的态度，q14 测量的是英语学习动机（目标）。所以，不能将上述两个误差项相连。继续观察图 5.16，e16 和 e14 所对应的 MI 值位居第二（9.248），且两个误差项处在同一等级。根据上述原则（3），可以将这两个误差项用双箭头连接起来。从理论层面考察，问卷显示，q16 表示"我希望能听懂英语新闻"。q14 表示"我希望以后我能看懂英文原版电影"。两个题项

均测量英语学习动机（目标），从概念上也是一件事情，且均与英语听力有关，可以将其连接在一起。再次修正后的模型如图 5.17。

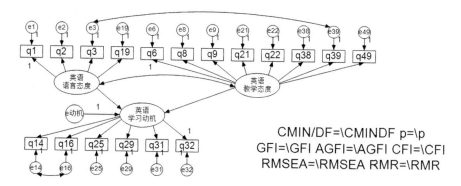

图 5.17　"英语态度—学习动机"结构模型修正 4

再次重复 5.2 小节中的步骤 1 到步骤 3。第四次修正后的模型拟合指标见图 5.18。

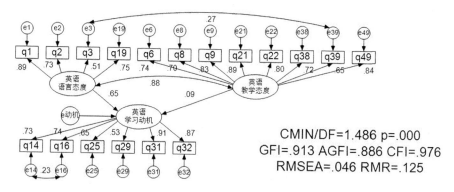

图 5.18　"英语态度—学习动机"结构模型修正 4 标准化系数

图 5.18 显示，"英语态度—学习动机"结构模型与数据拟合指标有向好变化，其中有四项指标已经达到建议范围（参见表 1.1）。这说明，之前四次的模型修正起到了作用。但不得不承认，该理论模型与数据拟合得仍不够好。至此，研究者还可以继续对模型进行修正，但笔者不建议这样做。原因在于，到第四次修正时，最大的修正指标 MI 值仅在 9 以上；修正后，模型拟合指标变化不大。第四次修正后的 MI 值均会在 9 以下（图 5.19）；即便继续修正下去，

模型的拟合指标也不会产生更大变化。所以，在结构方程模型检验过程中，研究者通常把 Modification indices 的阈限设置在 9 或者 10 及以上。具体方法为，点击 2-8 图标，打开 Analysis Properties 对话框（图 5.20）。选择 Output 标签，勾选 Modification indices，并将其后的系统默认数字 4 改为 9 或者 10。这一操作的目的在于，进行模型拟合检验时 MI 值低于 9 或者低于 10 的将不会显示在拟合检验之后 Output 文件中的 Modification Indices 标签下，这会便于研究者阅读和检索数据表。

Modification Indices (Group number 1 - Default model)

Covariances: (Group number 1 - Default model)

			M.I.	Par Change
e29	<-->	e动机	4.818	-.218
e49	<-->	英语_语言态度	4.262	.113
e39	<-->	英语_语言态度	4.709	-.152
e38	<-->	e29	4.654	.275
e22	<-->	英语_教学态度	5.444	.119
e22	<-->	英语_语言态度	7.479	-.166
e22	<-->	e14	7.013	-.164
e22	<-->	e31	6.437	.140
e21	<-->	e22	6.375	.152
e8	<-->	e21	5.084	-.174
e6	<-->	e动机	4.664	-.157
e6	<-->	e32	7.108	-.164
e6	<-->	e49	4.075	-.143
e19	<-->	英语_教学态度	6.163	.149
e19	<-->	英语_语言态度	4.985	-.156
e19	<-->	e21	7.905	.204
e2	<-->	英语_教学态度	4.020	-.120
e1	<-->	e动机	6.386	.139
e1	<-->	e39	5.743	-.167
e1	<-->	e19	7.972	-.196

图 5.19 "英语态度—学习动机"结构模型修正指标 5

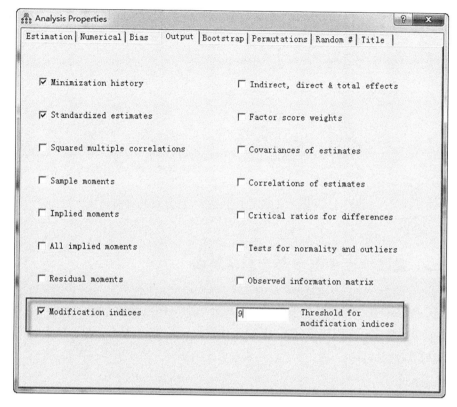

图 5.20　重置 Modification indices 阈限

5.4　复核检验 AMOS 操作步骤

与测量模型检验过程相同，结构模型也需要进行复核检验。初步拟合检验以及复核检验所用数据文件的有关说明已在 3.4 小节阐释，此处不再赘述。重复 5.2 小节中的步骤 1，并调取"第五章复核检验用数据"。然后，重复 5.2 小节的步骤 2 和步骤 3，就会得到如图 5.21 所显示的结果。

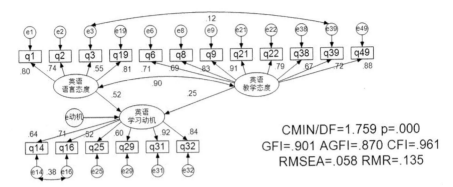

图 5.21 "英语态度—学习动机"结构模型复核检验

5.5 复核检验 AMOS 输出结果解读

图 5.21 显示，复核检验结果与修正后的初步拟合结果类似，七个拟合指标中，有四个达到了建议范围，三个未达到建议范围（参见表 1.1）。总体来看，模型与数据拟合得一般，而且没有继续修正的空间。这个模型图需要在论文中汇报。

此时，研究者需要考察图 5.21 中所有模型系数（包括回归系数和相关系数）的显著性。具体方法为：点击 2-9 图标，打开 Amos Output 文件。点击左上区域中的 Estimates 连接，即可查看模型系数的显著水平（图 5.22）。

Estimates (Group number 1 - Default model)

Scalar Estimates (Group number 1 - Default model)

Maximum Likelihood Estimates

Regression Weights: (Group number 1 - Default model)

			Estimate	S.E.	C.R.	P	Label
英语_学习动机	<---	英语_语言态度	.503	.182	2.767	.006	
英语_学习动机	<---	英语_教学态度	.256	.186	1.376	.169	
q1	<---	英语_语言态度	1.000				
q2	<---	英语_语言态度	1.033	.088	11.694	***	
q3	<---	英语_语言态度	.745	.090	8.264	***	
q19	<---	英语_语言态度	1.201	.091	13.130	***	
q6	<---	英语_教学态度	1.000				
q8	<---	英语_教学态度	1.107	.110	10.059	***	
q9	<---	英语_教学态度	1.220	.102	11.990	***	
q21	<---	英语_教学态度	1.370	.104	13.113	***	
q22	<---	英语_教学态度	1.170	.103	11.403	***	
q38	<---	英语_教学态度	.989	.102	9.741	***	
q39	<---	英语_教学态度	.976	.094	10.392	***	
q49	<---	英语_教学态度	1.274	.099	12.815	***	
q32	<---	英语_学习动机	1.000				
q31	<---	英语_学习动机	1.212	.070	17.216	***	
q29	<---	英语_学习动机	.916	.096	9.547	***	
q25	<---	英语_学习动机	.542	.066	8.150	***	
q16	<---	英语_学习动机	.844	.071	11.851	***	
q14	<---	英语_学习动机	.633	.061	10.461	***	

（1）

Standardized Regression Weights: (Group number 1 - Default model)

			Estimate
英语_学习动机	<---	英语_语言态度	.515
英语_学习动机	<---	英语_教学态度	.246
q1	<---	英语_语言态度	.800
q2	<---	英语_语言态度	.739
q3	<---	英语_语言态度	.550
q19	<---	英语_语言态度	.810
q6	<---	英语_教学态度	.709
q8	<---	英语_教学态度	.693
q9	<---	英语_教学态度	.827
q21	<---	英语_教学态度	.905
q22	<---	英语_教学态度	.786
q38	<---	英语_教学态度	.671
q39	<---	英语_教学态度	.716
q49	<---	英语_教学态度	.884
q32	<---	英语_学习动机	.844
q31	<---	英语_学习动机	.922
q29	<---	英语_学习动机	.598
q25	<---	英语_学习动机	.525
q16	<---	英语_学习动机	.706
q14	<---	英语_学习动机	.644

（2）

Covariances: (Group number 1 - Default model)

			Estimate	S.E.	C.R.	P	Label
英语_语言态度	<-->	英语_教学态度	1.243	.167	7.464	***	
e16	<-->	e14	.342	.071	4.797	***	
e3	<-->	e39	.172	.106	1.625	.104	

Correlations: (Group number 1 - Default model)

			Estimate
英语_语言态度	<-->	英语_教学态度	.900
e16	<-->	e14	.382
e3	<-->	e39	.116

(3)

Variances: (Group number 1 - Default model)

	Estimate	S.E.	C.R.	P	Label
英语_语言态度	1.473	.213	6.922	***	
英语_教学态度	1.297	.216	5.991	***	
e动机	.628	.095	6.641	***	
e1	.830	.100	8.346	***	
e2	1.308	.144	9.086	***	
e3	1.888	.188	10.025	***	
e19	1.109	.136	8.158	***	
e6	1.280	.129	9.946	***	
e8	1.716	.172	9.997	***	
e9	.894	.096	9.270	***	
e21	.535	.068	7.854	***	
e22	1.097	.114	9.591	***	
e38	1.544	.154	10.058	***	
e39	1.172	.118	9.922	***	
e49	.587	.070	8.421	***	
e32	.566	.072	7.918	***	
e31	.366	.073	5.034	***	
e29	2.117	.212	10.007	***	
e25	1.085	.107	10.178	***	
e16	1.007	.105	9.546	***	
e14	.797	.081	9.822	***	

(4)

图 5.22 "英语态度—学习动机"结构模型系数及显著性检验

图 5.22 显示,"英语教学态度"对"英语学习动机"的回归系数为 0.25,未达到显著水平(p=0.169)。此外,e3 与 e39 的相关系数为 0.12,也未达到显著水平(p=0.104)。除以上两个系数外,其余系数全部达到显著水平($p < 0.05$)。这些信息需要在论文中汇报。

由于本题为结构模型,存在因变量,所以还需要汇报因变量被自变量解释的百分比。这个百分比其实就是回归分析中的 R^2。获得方法为:点击 2-8 图标，打开 Analysis Properties 对话框。选中 Output 标签，勾选其中的 Squared multiple correlations（图 5.23）。然后关闭该对话框。

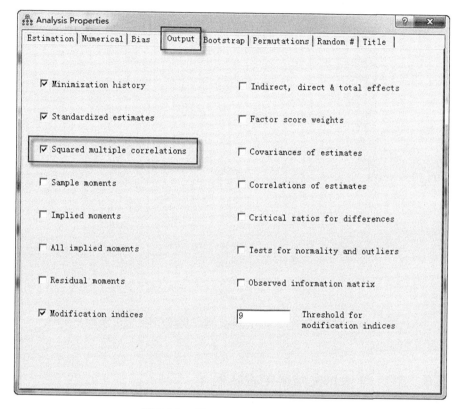

图 5.23　设置因变量被解释比例

点击 3-8 图标，让软件进行计算。点击 2-9 图标，打开 Amos Output 对话框。点击左上区域的 Estimates，在右侧找到 Squared Multiple Correlations:（Group number 1 - Default model）。该栏下"英语学习动机"对应的数值为 0.553（图 5.24）。这表明，"英语语言态度"和"英语教学态度"两个自变量可以解释"英语学习动机"55.3% 的方差[1]。这个指标需要在论文中汇报。

1　与回归分析相同，结构方程模型检验中，R^2 也需要在 0.50 及以上。

Squared Multiple Correlations: (Group number 1 - Default model)

	Estimate
英语_学习动机	.553
q14	.414
q16	.499
q25	.276
q29	.358
q31	.850
q32	.713
q49	.782
q39	.513
q38	.451
q22	.618
q21	.820
q9	.684
q8	.481
q6	.503
q19	.657
q3	.302
q2	.546
q1	.639

图 5.24 "英语态度—学习动机"结构模型因变量被解释比例

5.6 APA 学术论文结果汇报实例

经过四次修正，"英语态度—学习动机"结构模型及其标准化系数及拟合指数如下（图 5.25）。CMIN/DF、GFI、CFI 及 RMSEA 指标达到参考范围；AGFI 以及 RMR 两项指标均未达到参考范围（表 5.1）。由于样本量较大，p 值小于 0.05。"英语语言态度"和"英语教学态度"的相关系数为 0.90（$p < 0.05$）。"英语语言态度"对"英语学习动机"的标准化回归系数为 0.52（$p < 0.05$）。"英语教学态度"对"英语学习动机"的标准化回归系数为 0.25（$p > 0.05$）。"英语语言态度"和"英语教学态度"累计解释了"英语学习动机" 55.3% 的方差。综合上述指标，可以说该结构模型得到了数据支持。

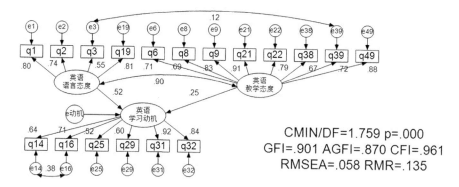

CMIN/DF=1.759 p=.000
GFI=.901 AGFI=.870 CFI=.961
RMSEA=.058 RMR=.135

图 5.25　"英语态度—学习动机"结构模型复核检验

表 5.1　"英语态度—学习动机"结构模型拟合指标

指标名称	CMIN/DF	p	GFI	AGFI	CFI	RMR	RMSEA
参考范围	≤ 5	> 0.05	≥ 0.90	≥ 0.90	≥ 0.90	≤ 0.10	≤ 0.08
复核检验	1.759	0.000	0.901	0.870	0.961	0.135	0.058

练习五

　　笔者在研究中国高校本科生对待双语教学态度的过程中，假定"教师英语水平"与"教师专业水平"密切相关，且二者对"学习收获"会产生影响。"教师英语水平"由选取的 q35、q37、q39 和 q41 测得[1]。"教师专业水平"由 q36、q38、q40 和 q42 测得。"学习收获"由 q57、q58、q60 和 q61 测得。现要考察上述理论模型是否可以得到数据支持。（提示：请使用练习五初步拟合用数据和练习五复核检验用数据完成此题。）

1　问卷题项见附录 C。

第六章　有中介变量的结构模型

第五章已经表明，结构模型旨在检验一种解释性的理论构想与数据是否拟合。本章在此基础上介绍另一类结构模型：含有中介变量的结构模型（参见图1.5）。这类结构模型是在无中介变量的结构模型基础上增加一个或多个内生变量（因变量）构成的。其实，本章所讲内容属于路径分析。它可以理解为由若干个相互关联的回归分析构成。所以，本章内容与第五章关系密切，不同之处体现在输出结果及其汇报部分。本章以《高校双语教学影响因素调查问卷》（附录 C）中的部分维度为例，介绍有中介变量的结构模型的建立、检验、修正、结果解读、论文汇报等问题。

6.1　实例分析

某研究者受到 Hovland 等人（1953）的 SMCR 模型 [1] 启发，拟考察"教师水平"通过"学习收获"对"学生对待双语教学的态度"产生的影响。为此，研究者设想，"教师英语水平"和"教师专业水平"密切相关，二者对"学习收获"以及"学生对待双语教学的态度"有直接影响。此外，"教师英语水平"和"教师专业水平"通过"学习收获"对"学生对待双语教学的态度"有间接影响。以上设想是否能够得到数据支持？

根据题意，研究者拟将两个潜在变量（"教师英语水平"和"教师专业水平"）作为自变量，将一个潜在变量（"学生对待双语教学的态度"）作为因变量，另一个潜在变量（"学习收获"）作为中介变量构造结构模型，并考察自变量通过中介变量对因变量的解释作用。这是较为典型的带有中介变量的结构方程模型。该理论模型中的"教师英语水平"由附录 C 中选取的 q35、q37、q39 和 q41 四个题项测得；"教师专业水平"由选取的 q36、q38、q40 和 q42 四个题项测得；"学习收获"由选取的 q57、q58、q60 和 q61 四个题项测得；"学

1　参见文献 Hovland, C. I., Janis, I. L., & Kelley, H. H. (1953). *Communication and Persuasion: Psychological Studies of Opinion Change*. New Haven, CT: Yale University Press.

生态度"[1] 由 pos、neu 和 neg[2] 三个项目测得。研究者需根据理论模型与数据的拟合程度综合判断其优劣。

6.2 初步拟合 AMOS 操作步骤

第五章已经提到，构造结构模型之前，要对其中的每个测量模型先进行检验。也就是说，要先保证每个测量模型的有效性，再构造结构模型。其实，这种检验就是第三章中讲到的对简单测量模型的检验。具体操作步骤此处不再赘述。

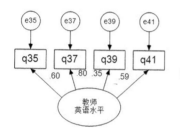

CMIN/DF=2.779 p=.062
GFI=.982 AGFI=.910 CFI=.964
RMSEA=.107 RMR=.041

图 6.1 "教师英语水平"测量模型

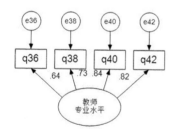

CMIN/DF=1.545 p=.213
GFI=.990 AGFI=.950 CFI=.996
RMSEA=.059 RMR=.018

图 6.2 "教师专业水平"测量模型

---

1 为便于构建模型，将潜在变量"学生对待双语教学的态度"简称为"学生态度"。

2 Pos、neu 和 neg 这三个项目并非问卷中用里克特量表测得的原始题项，而是若干原始题项的总平均分。结构方程模型的观测变量通常是定距变量（interval data）。所以，出于简化模型的目的，研究者有时并不使用问卷原始题项，而是将某些题项进行整理，生成新的定距变量作为模型中的观测变量。

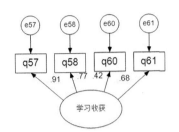

CMIN/DF=.448 p=.639
GFI=.997 AGFI=.985 CFI=1.000
RMSEA=.000 RMR=.012

图 6.3 "学习收获"测量模型

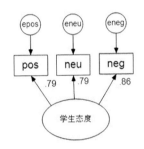

CMIN/DF=\CMINDF p=\p
GFI=1.000 AGFI=\AGFI CFI=\CFI
RMSEA=\RMSEA RMR=\RMR

图 6.4 "学生态度"测量模型

图 6.1、图 6.2 和图 6.3 显示,"教师英语水平"、"教师专业水平"和"学习收获"三个潜在变量的测量模型均达到统计要求,可以进行结构模型构造。但是图 6.4 显示的信息有所不同:拟合指标仅提供了 GFI 值,其他指标均未给出计算结果。这是因为图 6.4 是一个恰好识别的模型(即饱和模型)[1];用直白的语言讲,就是模型与数据之间的拟合程度达到完美,这也正是 GFI 值达到上限 1 的原因。但这类模型的卡方值和自由度均为 0,所以无法计算显著性 p 值,也无法计算出基于卡方值才能产生的 AGFI、CFI、RMSEA 和 RMR 等指标。细心的读者可能已经发现,图 6.4 这个测量模型中观测变量仅有三个,这也正是它会构成一个饱和模型的原因。因此,笔者提醒读者注意:如果一个简单测量模型的潜在变量仅有三个观测变量,那么它一定是一个饱和模型,没有必要再单独对其进行拟合检验了,因为它已经达到"完美"。这种恰好识别的测量模型对构造更为复杂的结构方程模型不会产生不良影响。

---

1 对饱和模型的详细阐释,请读者参阅其他书籍。比如,吴明隆(2009)《结构方程模型——AMOS 的操作与应用》,重庆大学出版社。

接下来，研究者须根据 2.2.1 及 2.2.2 小节中的有关步骤将"教师英语水平"、"教师专业水平"、"学习收获"和"学生态度"绘制在一个区域内（图6.5），重新命名为"'教师水平—学习收获—学生态度'结构模型"，并保存至同名文件夹下。图 6.5 中"教师英语水平"和"教师专业水平"两个潜在变量之间的双箭头是通过 2-2 图标绘制的。具体方法是：点击 2-2 图标；在绘图区域内从一个潜在变量的椭圆形边缘开始（此时该潜在变量边缘变红），按住鼠标左键拖拽至另一个潜在变量的椭圆形边缘，再松开鼠标左键，一个双箭头即绘制完毕。图 6.5 中指向"学习收获"和"学生态度"的单箭头是通过点击 1-2 图标绘制的。具体方法是：点击 1-2 图标；在绘图区域内从一个潜在变量的椭圆形边缘开始（此时该潜在变量边缘变红），按住鼠标左键拖拽至另一个潜在变量的椭圆形边缘，再松开鼠标左键，一个单箭头即可绘制完毕。此时还需注意，由于"学习收获"和"学生态度"潜在变量被单箭头指向，所以要给它增加误差项。操作方法是点击 3-2 图标后在相应潜在变量所在椭圆形内单击一次鼠标左键。如果觉得所添加的误差项位置不利于图形整体美观，可以在该椭圆形内反复点击鼠标左键，直到误差项所处位置令研究者满意为止。

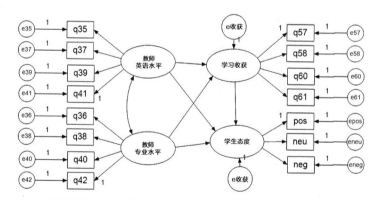

CMIN/DF=\CMINDF p=\p GFI=\GFI AGFI=\AGFI CFI=\CFI
RMSEA=\RMSEA RMR=\RMR

图 6.5 "教师水平—学习收获—学生态度"结构模型

步骤 1：点击 1-8 图标，打开 Data Files 对话框（参见图 3.2）。点击 File Name 按钮，打开"第六章初步拟合用数据"。再点击 OK 按钮，将对话框关闭。至此，便打开了数据文件。

步骤 2：点击 2-8 图标，打开 Analysis Properties 对话框（参见图 3.3）。选择 Output 标签，并勾选其中 Minimization history、Standardized estimates 和 Modification indices 三个项目，并将 Modification indices 后的修正指标 MI 值阈限改为 9（参见图 5.20）。然后，点击对话框右上角的关闭按钮。这一步操作是要求 AMOS 软件在输出统计结果时提供相应的检验指标。如果没有勾选上述项目，则无法获得标准化估计值、模型修正指数等检验结果。

步骤 3：点击 3-8 图标，命令 AMOS 软件执行统计运算。如果运算成功，那么工作状态区中数据—模型转换按钮右侧的图标由原先无法点击的灰色变为可以点击的红色（参见图 3.4）。此时，若点击右侧的按钮，即可从模型中直观地查看到相关指标。

6.3 初步拟合 AMOS 输出结果解读及模型修正

点击图 3.4 中右侧的红色按钮，在建模绘图区就会显示"教师水平—学习收获—学生态度"结构模型的非标准化系数（图 6.6）。这时，误差项、因子负荷以及潜在变量的非标转化系数已全部被估算出来。此外，模型图下方还显示出 CMIN/DF、p、GFI、AGFI、CFI、RMSEA 以及 RMR 等指标。但是，该图中的非标准化系数并不是我们在论文汇报中需要用的，所以，此图提供的信息可以忽略。

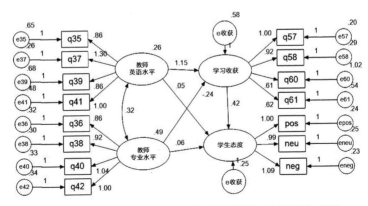

图 6.6 "教师水平—学习收获—学生态度"结构模型非标准化系数

此时，点击工作状态区中的第四个区域，即参数估计显示区（参见图3.7）中的 Standardized estimates，那么建模绘图区的模型上就会显示标准化系数。这是我们需要在论文中汇报的指标（图6.7）。

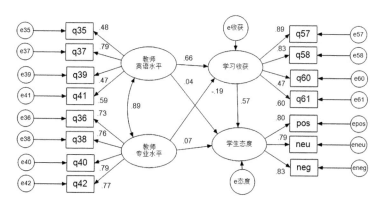

CMIN/DF=2.154 p=.000 GFI=.840 AGFI=.771 CFI=.883
RMSEA=.096 RMR=.067

图6.7　"教师水平—学习收获—学生态度"结构模型标准化系数

图6.7显示，"教师水平—学习收获—学生态度"结构模型与数据拟合得不好。CMIN/DF、p、GFI、AGFI、CFI、RMSEA 以及 RMR 等七项指标中，有五项未在建议范围之内（参见表1.1）。出现这种情况，通常要根据理论框架和修正指标对模型进行调整。具体方法如下：点击2-9图标，打开 Amos Output 对话框。点击该对话框左上区域中的 Modification Indices，即可查阅模型修正指标（图6.8）。

Modification Indices (Group number 1 - Default model)

Covariances: (Group number 1 - Default model)

	M.I.	Par Change
e42 <--> e40	18.021	.152
e35 <--> e40	10.576	-.154
e60 <--> eneu	10.449	.169

Variances: (Group number 1 - Default model)

	M.I.	Par Change

Regression Weights: (Group number 1 - Default model)

	M.I.	Par Change
neu <--- q60	9.569	.138
q40 <--- q35	9.953	-.198
q61 <--- pos	9.413	.257
q60 <--- q38	10.272	.347

图 6.8 "教师水平—学习收获—学生态度"结构模型修正指标 1

图 6.8 显示了"教师水平—学习收获—学生态度"结构模型的第一次修正指标。根据第五章所述原则（参见 5.3 小节），应将 e42 和 e40 两个误差项用双箭头关联起来。关联之前，先要厘清两个题项的内容。问卷显示，q42 表述为"我的双语课老师对专业知识领会得很深刻"。q40 表述为"我的双语课老师对本专业的知识体系有全面的掌握"。不难看出，这两个题项所述内容从本质上讲是非常接近的。因此，可以将两个误差项相连。具体方法为：点击 2-2 图标，在 e42 边缘开始（此时 e42 边缘变红），按住鼠标左键拖拽至 e40 的边缘，再松开鼠标左键，一个双箭头即绘制完毕（图 6.9）。

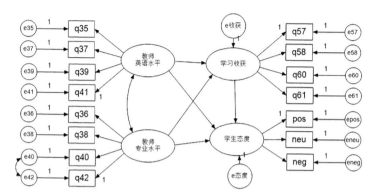

CMIN/DF=\CMINDF p=\p GFI=\GFI AGFI=\AGFI CFI=\CFI
RMSEA=\RMSEA RMR=\RMR

图 6.9 "教师水平—学习收获—学生态度"结构模型修正 1

修正后的模型需要重新进行拟合度检验运算，以考察模型修正后各拟合指标的变化情况。具体方法是重复 6.2 小节中的步骤 1 到步骤 3。拟合结果见图6.10。

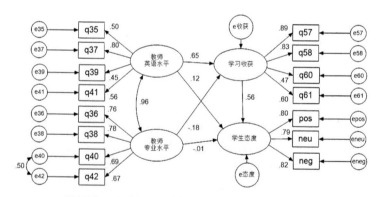

CMIN/DF=1.874 p=.000 GFI=.865 AGFI=.805 CFI=.913
RMSEA=.084 RMR=.064

图 6.10 "教师水平—学习收获—学生态度"结构模型修正 1 标准化系数

图 6.10 显示，"教师水平—学习收获—学生态度"结构模型与数据拟合指标有向好变化，七项拟合指标中已有三项达标（参见表 1.1）。这说明，还需要对模型进行修正。点击 2-9 图标，打开 Amos Output 对话框。点击该对话框左

上区域中的 Modification Indices，即可查阅模型修正指标（图 6.11）。

Modification Indices (Group number 1 - Default model)

Covariances: (Group number 1 - Default model)

	M.I.	Par Change
e60 <--> eneu	10.501	.169

Variances: (Group number 1 - Default model)

M.I.	Par Change

Regression Weights: (Group number 1 - Default model)

		M.I.	Par Change
neu <--- q60		9.584	.138
q61 <--- pos		9.509	.259
q60 <--- q38		10.044	.343

图 6.11　"教师水平—学习收获—学生态度"结构模型修正指标 2

图 6.11 显示，e60 和 eneu 所对应的 MI 值最大（10.501），且两个误差项处于同一等级，可以用双箭头将其连接起来以便获得更好的拟合指标。但修正之前，应该先从理论角度考量其合理性。q60 对应的题项是"双语教学不但没有提高我的英语水平，而且专业知识也学得一知半解"。neu 是中立态度维度的总平均分。这个维度下的三个题项与积极态度维度相比，其实是反向的，作用等同于消极态度。也就是说，所谓的态度中立本质上还是不支持。因此，这两个误差项所对应的内容实质上不矛盾，可以关联起来，在图 6.9 基础上，通过双箭头把 e60 和 eneu 连接起来。具体方法为：点击 2-2 图标；在 e60 边缘开始（此时 e60 边缘变红），按住鼠标左键拖拽至 eneu 的边缘，再松开鼠标左键，一个双箭头即绘制完毕（图 6.12）。

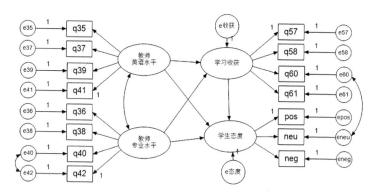

CMIN/DF=\CMINDF p=\p GFI=\GFI AGFI=\AGFI CFI=\CFI
RMSEA=\RMSEA RMR=\RMR

图 6.12　"教师水平—学习收获—学生态度"结构模型修正 2

修正后的模型仍需重新进行拟合度检验运算，以考察模型修正后各拟合指标的变化情况。具体方法是重复 6.2 小节中的步骤 1 到步骤 3。拟合结果见图 6.13。

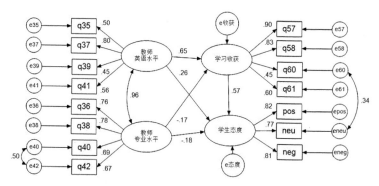

CMIN/DF=1.758 p=.000 GFI=.874 AGFI=.815 CFI=.925
RMSEA=.078 RMR=.063

图 6.13　"教师水平—学习收获—学生态度"结构模型修正 2 标准化系数

图 6.13 显示，"教师水平—学习收获—学生态度"结构模型第二次修正后与数据拟合指标有向好变化，七项指标已有四项达到建议范围，但依然有修正的空间（参见表 1.1）。点击 2-9 图标，打开 Amos Output 对话框。点击该对话框左上区域中的 Modification Indices，即可查阅模型修正指标（图 6.14）。

Modification Indices (Group number 1 - Default model)

Covariances: (Group number 1 - Default model)

		M.I.	Par Change
e61 <--> e态度	9.916		.128

Variances: (Group number 1 - Default model)

	M.I.	Par Change

Regression Weights: (Group number 1 - Default model)

			M.I.	Par Change
q61	<---	pos	9.268	.255
q60	<---	q38	9.010	.310

图 6.14 "教师水平—学习收获—学生态度"结构模型修正指标 3

图 6.14 显示，e61 和 e 态度所对应的 MI 值最大（9.916），但两个误差项不在同一等级：e61 为观测变量 q61 的误差项，而 e 态度是潜在变量"学生态度"的误差项。根据第五章有关原则所述，不能将这两个误差项相连。由于 MI 值小于 9 的修正指标不会给模型拟合带来更大改观，因此，模型修正到此为止。之前的两次模型修正起到了作用，但修正后的理论模型与数据依然拟合得不够好。

6.4 复核检验 AMOS 操作步骤

带有中介变量的结构模型也需进行复核检验。初步拟合检验以及复核检验所用数据文件的有关说明已在 3.4 小节阐释，此处不再赘述。重复 6.2 小节中的步骤 1，并调取"第六章复核检验用数据"。然后，重复 6.2 小节的步骤 2 和步骤 3，就会得到如图 6.15 所显示的结果。

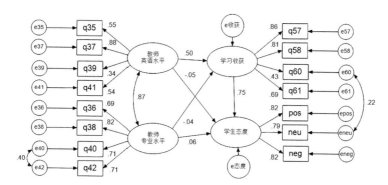

CMIN/DF=1.840 p=.000 GFI=.889 AGFI=.838 CFI=.933
RMSEA=.074 RMR=.065

图 6.15 "教师水平—学习收获—学生态度"结构模型复核检验

6.5 复核检验 AMOS 输出结果解读

图 6.15 显示，复核检验结果与修正后的初步拟合结果类似，七个拟合指标中，有四个达到了建议范围，三个未达到建议范围（参见表 1.1）。总体来看，模型与数据拟合得一般，而且没有继续修正的空间。这个模型图需要在论文中汇报。

此时，研究者需要考察图 6.15 中所有模型系数（包括回归系数和相关系数）的显著性。具体方法为：点击 2-9 图标，打开 Amos Output 文件。点击左上区域中的 Estimates 即可查看模型系数的显著水平（图 6.16 和图 6.17）。

Regression Weights: (Group number 1 - Default model)

			Estimate	S.E.	C.R.	P	Label
学习收获	<---	教师_英语水平	.877	.496	1.768	.077	
学习收获	<---	教师_专业水平	-.051	.351	-.144	.885	
学生态度	<---	学习收获	.654	.091	7.222	***	
学生态度	<---	教师_英语水平	-.075	.347	-.216	.829	
学生态度	<---	教师_专业水平	.064	.241	.264	.792	
q57	<---	学习收获	1.000				
q58	<---	学习收获	.879	.080	10.990	***	
q60	<---	学习收获	.542	.103	5.278	***	
q61	<---	学习收获	.826	.091	9.089	***	
q41	<---	教师_英语水平	1.000				
q39	<---	教师_英语水平	.718	.198	3.621	***	
q37	<---	教师_英语水平	1.760	.269	6.532	***	
q35	<---	教师_英语水平	1.139	.217	5.246	***	
q42	<---	教师_专业水平	1.000				
q40	<---	教师_专业水平	1.013	.097	10.453	***	
q38	<---	教师_专业水平	1.148	.130	8.861	***	
q36	<---	教师_专业水平	.949	.124	7.678	***	
pos	<---	学生态度	1.000				
neu	<---	学生态度	.944	.091	10.374	***	
neg	<---	学生态度	.985	.092	10.697	***	

图 6.16 "教师水平—学习收获—学生态度"结构模型回归系数显著性检验

Covariances: (Group number 1 - Default model)

			Estimate	S.E.	C.R.	P	Label
教师_英语水平	<-->	教师_专业水平	.269	.057	4.755	***	
e42	<-->	e40	.166	.047	3.530	***	
e60	<-->	eneu	.110	.047	2.341	.019	

图 6.17 "教师水平—学习收获—学生态度"结构模型相关系数显著性检验

图 6.16 显示，五个回归系数中，只有"学习收获"到"学生态度"的回归系数达到了显著水平（$p < 0.05$），其余四个回归系数均未达到显著水平（$p > 0.05$）。图 6.17 显示，三个相关系数全部达到显著水平（$p < 0.05$）。这些信息需要在论文中汇报。

由于本题为结构模型，存在因变量，所以还需要汇报因变量被自变量解释的百分比。这个百分比其实就是回归分析中的 R^2。获得因变量被解释百分比的操作方法为：点击 2-8 图标，打开 Analysis Properties 对话框。选中 Output 标签，勾选其中的 Squared multiple correlations（图 6.18）。此外，本题的结构模型中含有中介变量，具有路径分析性质，所以需要汇报自变量和中介变量对因变量产生的直接效应（direct effects）、间接效应（indirect effects）和总效应（total effects）。获得自变量（含中介变量）对因变量的直接效应、间接效应和总效应的操作方法为：点击 2-8 图标，打开 Analysis Properties 对话框。选中 Output 标签，勾选其中的 Indirect, direct & total effects（图 6.18）。然后关闭该对话框。

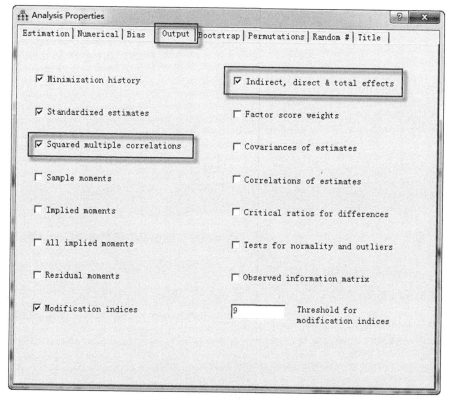

图 6.18　设置直接效应、间接效应和总效应输出格式

点击 3-8 图标，让软件进行计算。点击 2-9 图标，打开 Amos Output 对话框。点击左上区域的 Estimates，在右侧区域内找到 Squared Multiple Correlations: (Group number 1 - Default model)。该栏下"学生态度"对应的数值为 0.562（图 6.19）。这表明，"教师英语水平"、"教师专业水平"和"学习收获"三个变量累计可以解释"学生态度"56.2% 的方差[1]。这个指标需要在论文中汇报。

---

[1] 与回归分析相同，结构方程模型检验中，R^2 也需要在 0.50 及以上。

Squared Multiple Correlations: (Group number 1 - Default model)

	Estimate
学习收获	.221
学生态度	.562
neg	.666
neu	.625
pos	.679
q36	.473
q38	.674
q40	.508
q42	.511
q35	.306
q37	.775
q39	.117
q41	.290
q61	.478
q60	.187
q58	.658
q57	.733

图 6.19 "教师水平—学习收获—学生态度"结构模型因变量被解释比例

同样在 Amos Output 对话框内点击左上区域的 Estimates，在右侧区域内找到 Standardized Total Effects (Group number 1 - Default model)（图 6.20）。这里报告了自变量（含中介变量）对因变量的标准化总效应：它是直接效应和间接效应的总和。在右侧区域内继续向下找，即可发现 Standardized Direct Effects (Group number 1 - Default model)（图 6.21）。这里报告了自变量（含中介变量）对因变量的标准化直接效应。在最后，即可发现 Standardized Indirect Effects (Group number 1 - Default model)（图 6.22）。这里报告了自变量（含中介变量）对因变量的标准化间接效应。上述指标均需要在论文中汇报。

Standardized Total Effects (Group number 1 - Default model)

	教师_专业水平	教师_英语水平	学习收获	学生态度
学习收获	-.040	.504	.000	.000
学生态度	.028	.328	.749	.000
neg	.022	.268	.611	.816
neu	.022	.260	.592	.790
pos	.023	.271	.617	.824
q36	.687	.000	.000	.000
q38	.821	.000	.000	.000
q40	.713	.000	.000	.000
q42	.715	.000	.000	.000
q35	.000	.553	.000	.000
q37	.000	.881	.000	.000
q39	.000	.341	.000	.000
q41	.000	.538	.000	.000
q61	-.028	.349	.691	.000
q60	-.017	.218	.432	.000
q58	-.032	.409	.811	.000
q57	-.034	.432	.856	.000

图 6.20　"教师水平—学习收获—学生态度"结构模型自变量对因变量的总效应

Standardized Direct Effects (Group number 1 - Default model)

	教师_专业水平	教师_英语水平	学习收获	学生态度
学习收获	-.040	.504	.000	.000
学生态度	.058	-.049	.749	.000
neg	.000	.000	.000	.816
neu	.000	.000	.000	.790
pos	.000	.000	.000	.824
q36	.687	.000	.000	.000
q38	.821	.000	.000	.000
q40	.713	.000	.000	.000
q42	.715	.000	.000	.000
q35	.000	.553	.000	.000
q37	.000	.881	.000	.000
q39	.000	.341	.000	.000
q41	.000	.538	.000	.000
q61	.000	.000	.691	.000
q60	.000	.000	.432	.000
q58	.000	.000	.811	.000
q57	.000	.000	.856	.000

图 6.21　"教师水平—学习收获—学生态度"结构模型自变量对因变量的直接效应

Standardized Indirect Effects (Group number 1 - Default model)

	教师_专业水平	教师_英语水平	学习收获	学生态度
学习收获	.000	.000	.000	.000
学生态度	-.030	.378	.000	.000
neg	.022	.268	.611	.000
neu	.022	.260	.592	.000
pos	.023	.271	.617	.000
q36	.000	.000	.000	.000
q38	.000	.000	.000	.000
q40	.000	.000	.000	.000
q42	.000	.000	.000	.000
q35	.000	.000	.000	.000
q37	.000	.000	.000	.000
q39	.000	.000	.000	.000
q41	.000	.000	.000	.000
q61	-.028	.349	.000	.000
q60	-.017	.218	.000	.000
q58	-.032	.409	.000	.000
q57	-.034	.432	.000	.000

图 6.22 "教师水平—学习收获—学生态度"结构模型自变量对因变量的间接效应

6.6 APA 学术论文结果汇报实例

经过两次修正，"教师水平—学习收获—学生态度"结构模型的标准化系数及拟合指数如下（图 6.23）。GFI 与 AGFI 指标未达到参考范围（表 6.1）。由于样本量较大，p 值小于 0.05。"教师英语水平"和"教师专业水平"的相关系数为 0.87（$p < 0.05$）。"学习收获"对"学生态度"的标准化回归系数为 0.75（$p < 0.05$）。其余潜变量之间的标准化回归系数均未达到显著水平（$p > 0.05$）。"教师英语水平"、"教师专业水平"和"学习收获"累计解释了"学生态度"56.2% 的方差。它们对"学生态度"的效应见表 6.2。综合上述指标，可以说该结构模型在一定程度上得到了数据支持。但是，对于绝大多数自变量对最终因变量的标准化回归系数未达到显著水平的情况需要进行深入分析。

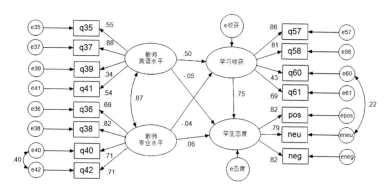

CMIN/DF=1.840 p=.000 GFI=.889 AGFI=.838 CFI=.933
RMSEA=.074 RMR=.065

图 6.23 "教师水平—学习收获—学生态度"结构模型复核检验

表 6.1 "教师水平—学习收获—学生态度"结构模型拟合指标

指标名称	CMIN/DF	p	GFI	AGFI	CFI	RMR	RMSEA
参考范围	≤ 5	> 0.05	≥ 0.90	≥ 0.90	≥ 0.90	≤ 0.10	≤ 0.08
复核检验	1.840	0.000	0.889	0.838	0.933	0.065	0.074

表 6.2 "教师水平—学习收获—学生态度"结构模型影响效应

因变量	自变量	R^2	直接效应	间接效应	总效应
学生态度		0.562			
	学生收获		0.749	---	0.749
	教师英语水平		-0.049	0.378	0.328
	教师专业水平		0.058	-0.030	0.028

练习六

　　笔者在研究中国大学生英语学习自我认同过程中，假定"英语学习过去自我"会对"英语学习当前自我"和"英语学习可能自我"有直接影响。此外，"英语学习过去自我"也会通过"英语学习当前自我"对"英语学习可能自我"

产生间接影响。"英语学习过去自我"由选取的 q41、q50 和 q54 测得 [1]。"英语学习当前自我"由 q24、q26、q30 和 q32 测得。"英语学习可能自我"由 q8、q10、q14 和 q16 测得。现要考察上述理论模型是否可以得到数据支持。(提示:请使用练习六初步拟合用数据和练习六复核检验用数据完成此题。)

1　问卷题项见附录 D。

第七章　测量模型多组分析

第三章到第六章所介绍的测量模型和结构模型在检验时仅用了一个样本进行分析，无论是初步拟合还是复核检验均是如此。但在实际工作中，研究者可能需要考察某个具体样本的数据与模型是否拟合，比如根据性别变量产生的男生样本和女生样本和根据时间变量产生的第一次测量样本、第二次测量样本、第三次测量样本等。这里的性别、时间等变量被称为调节变量（moderated variable），正是它们把数据分成了更具有某一特质的组别。这种情况下，必须使用多组分析来检验研究者所提出的假设模型在不同特质群体样本间是否等同，或者说是否具有稳定性。这需要使用 AMOS 多组分析（Multiple-Group Analysis）来进行检验。本章以"英语教学态度"和"英语语言态度"测量模型（参见第四章）为例介绍测量模型多组分析操作、结果解读及论文汇报等事项。

7.1　实例分析

在问卷中（附录 A），选取 q1、q2、q3 和 q19 四个题项测量"英语语言态度"；选取 q6、q8、q9、q21、q22、q38、q39 和 q49 八个题项测量"英语教学态度"。以上两个维度构成的量表经过与数据的拟合检验已被证实可以反映"英语态度"这个构念（参见 4.6 小节）。但是这个模型在性别变量上是否依然稳定还有待验证。笔者以"性别"作为调节变量，进行结构方程模型多组分析检验，即用男生样本和女生样本分别与图 7.1 所示的理论模型进行拟合，以此考查该模型在性别变量上是否有差异。

由于图 7.1 是测量模型，所以本题拟考察测量模型的多组比较。具体来说，考察的是图中由潜在变量指向观测变量的 12 条单箭头指标和潜在变量之间的 1 个双箭头指标，在男生组和女生组数据上是否有差异。在多组分析检验中，这些由潜在变量指向观测变量的单箭头被称为测量权重（measurement weights），潜在变量之间的双箭头被称为结构协方差 [1]（structural covariances）。

---

[1]　此外，误差项之间的相关也是一种结构协方差。但本章案例中并不含有这一类型。详见第八章案例。

需要注意的是，在多组分析检验中，研究者不仅关注模型与数据的拟合指标，而且更关注不同组别的回归系数和相关系数的异同。

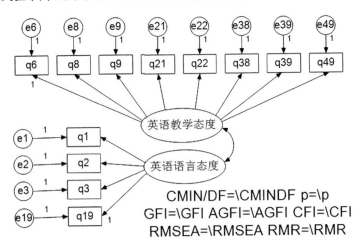

CMIN/DF=\CMINDF p=\p
GFI=\GFI AGFI=\AGFI CFI=\CFI
RMSEA=\RMSEA RMR=\RMR

图 7.1 "英语语言态度"和"英语教学态度"测量模型

7.2 初步拟合 AMOS 操作步骤

多组分析前，要用调节变量中的各组数据分别与理论模型进行拟合，以考察模型拟合优劣程度。其基本思路与 4.2 小节无差异。唯一不同之处在于如何调取数据。

步骤 1：点击 1-8 图标，打开 Data Files 对话框。点击 File Name 按钮，选择"第七章初步拟合用数据"。再点击 Grouping Variable 按钮，打开 Choose a Grouping Variable 对话框（图 7.2），并点击其中的 gender 变量（点中后该变量背景变蓝），点击 OK 按钮关闭对话框。这一操作表示研究者选中"性别"作为分组变量。再点击 Group Value 按钮，打开 Choose Value for Group 对话框（图 7.3），并点击其中的 1（点中后其背景变蓝），点击 OK 按钮关闭对话框。这一操作表示研究者选择"性别"变量中的第一组，即男生组作为拟合用数据（因为原始数据文件中"1"表示男，"2"表示女）。

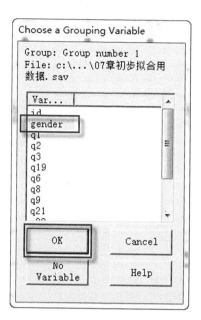

图 7.2 Choose a Grouping Variable 对话框

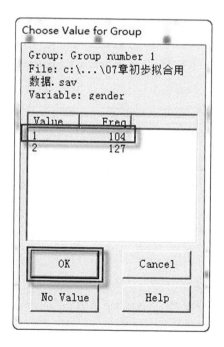

图 7.3 Choose Value for Group 对话框

此时，Data Files 对话框如图 7.4 所示。本次操作后，对话框与前几章的不同之处在于 Variable 项下出现了 "gender"，Value 项下出现了 "1"，N 项下出现了 "104/231"。以上几项变化表示的含义是：选择 104 个男生作为对模型进行拟合检验的数据。点击 OK 按钮关闭该对话框。

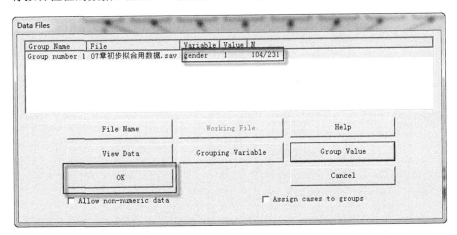

图 7.4　选择男生组后的 Data Files 对话框

步骤 2：点击 2-8 图标，打开 Analysis Properties 对话框。选择 Output 标签，并勾选其中 Minimization history、Standardized estimates 和 Modification indices 三个项目，并将其后的修正指数 MI 阈限改为 9。然后，点击对话框右上角的关闭按钮。这一步操作是要求 AMOS 软件在输出统计结果时提供相应的检验指标。如果没有勾选上述项目，则无法获得标准化估计值等检验结果。

步骤 3：点击 3-8 图标，命令 AMOS 软件执行统计运算。如果运算成功，那么工作状态区中数据—模型转换按钮右侧的图标由原先无法点击的灰色变为可以点击的红色。此时，若点击右侧的按钮，即可从模型中直观地查看到相关指标。

如果想选择女生组数据对模型进行拟合检验，就在步骤 1 中 Group Value 对话框下选择 "2" 即可。此时，Data Files 对话框中（参见图 7.4）会显示 Variable 项下出现了 "gender"，Value 项下出现了 "2"，N 项下出现了 "127/231"。以上几项变化表示的含义是：选择 127 个女生作为对模型进行拟合检验的数据。然后再重复上述步骤 2 和步骤 3。

7.3　初步拟合 AMOS 输出结果解读

经过上述操作，研究者可以获得男生组和女生组数据对同一个模型各自的拟合结果[1]（图 7.5 和图 7.6）。通过对比图 7.5 和图 7.6，我们发现，男生组和女生组各自的拟合结果比较一致（表 7.1）。两组的 CMIN/DF 以及 p 值相同。女生组 GFI、AGFI、CFI、RMSEA 和 RMR 指标均略好于男生组，但差别不大。这种结果说明，男生组数据与女生组数据在拟合同一模型时结果比较接近，可以进行下一步的多组分析。如果出现一组数据的拟合效果远远好于另一组（即拟合指标差别特别大），那么说明这两组数据可能蕴含了两个不同的模型；两组数据之间没有可比性，不适合做多组分析检验。这种情形与 t 检验（或方差分析）需要满足方差齐性这一统计前提类似[2]。

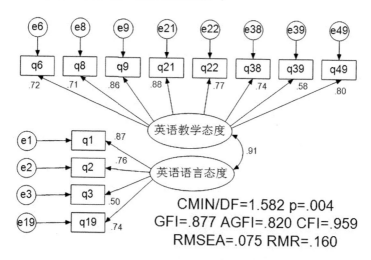

图 7.5　男生组数据初步拟合结果

1　本例中的修正指标显示，将 e3 和 e39 关联起来，会改善现有拟合指标的结果。但是 q3 和 q39 分别属于两个概念不同的维度，理论上无法解释，故不需要执行此项修正。

2　详见拙作《第二语言研究中的统计案例分析》（外语教学与研究出版社，2013 年）有关章节。

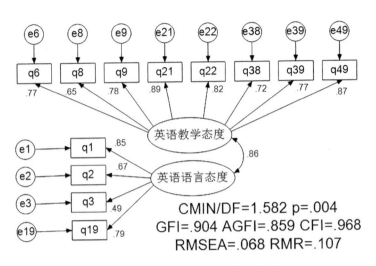

图 7.6 女生组数据初步拟合结果

表 7.1 男生组和女生组初步拟合指标

指标名称	CMIN/DF	p	GFI	AGFI	CFI	RMR	RMSEA
参考范围	≤ 5	> 0.05	≥ 0.90	≥ 0.90	≥ 0.90	≤ 0.10	≤ 0.08
男生组	1.582	0.004	0.877	0.820	0.959	0.160	0.075
女生组	1.582	0.004	0.904	0.859	0.968	0.107	0.068

7.4 AMOS 多组分析操作步骤

确定各组模型具备可比性之后，方可进行多组分析操作。具体步骤如下：

步骤 1：点击 Analyze 菜单，选择 Manage Groups（图 7.7），即出现定义组别对话框。在其中填写第一组名称 "Male"，点击 New 按钮（图 7.8），再填入第二组名称 Female，之后点击 Close 关闭该对话框（图 7.9），完成组别定义操作。组别定义成功后，工作状态区第二栏的组别显示区中会列出已被定义的组别名称（图 7.10）。

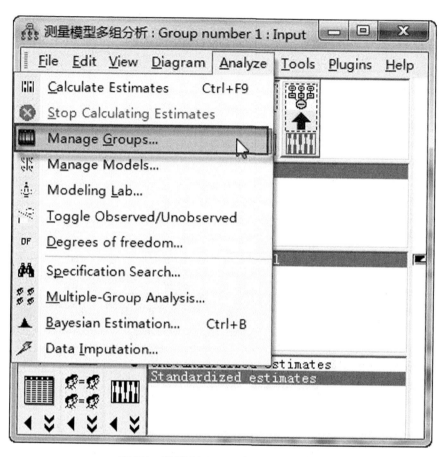

图 7.7 激活 Manage Groups 对话框

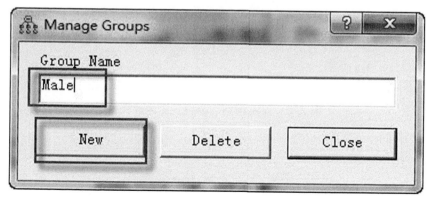

图 7.8 Manage Groups 对话框填写状态 1

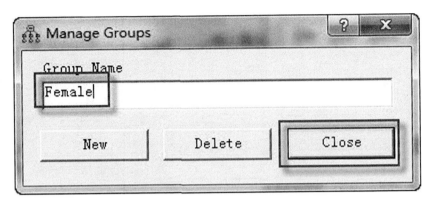

图 7.9　Manage Groups 对话框填写状态 2

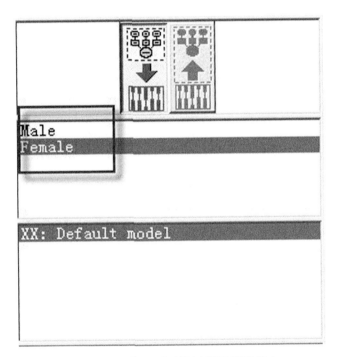

图 7.10　设定组别后的组别显示区状态

步骤 2：点击 2-13 图标，即弹出 Multiple-Group Analysis[1] 对话框（图 7.11）。该对话框中内容是 AMOS 程序根据理论模型自动计算出来的，研究者直接点击 OK 按钮即可。需要说明的是：本例中，因为有 12 个测量权重（从潜在变量出发指向观测变量的单箭头），所以 Measurement weight 一行有打"√"项目。因为有 1 个结构协方差（潜在变量之间或者误差项之间的双箭头），所以 Structural covaria 一行也有打"√"项目。因为还有 12 个测量误差，所以 Measurement residu 一行也有打"√"项目。

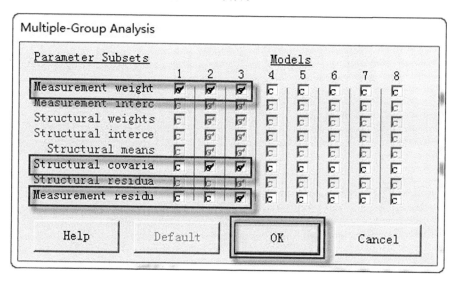

图 7.11　测量模型的 Multiple-Group Analysis 对话框

多组分析设定后，工作状态区的模型类别显示区会呈现如下状态（图 7.12）。本例中有四个类别：（1）XX：Unconstrained（不做任何限定的模型）；（2）XX：Measurement weights（限定测量权重的模型）；（3）XX：Structural covariances（限定结构协方差的模型）；（4）XX：Measurement residuals（限定测量残差的模型）。这里需要介绍一下结构方程模型多组分析的基本思路：对

1　在打开 Multiple-Group Analysis 对话框之前，AMOS 17.0 系统会提示："The program will remove any models that you have added to the list of models at the left-hand side of the path diagram. It may also modify your parameter constraints."（这个指令会移除您原先在路径图左侧模型列表中增添的所有模型并有可能修改参数限制）。因为事先研究者不可能在模型列表中列出所有模型，所以无需理会该提示，直接点击"确定"。

模型中的系数进行逐步限定，并用限定后的卡方与限定前的卡方做差，产生卡方差（写成 Δx^2，读作德尔塔卡方）；相应的自由度也做差，产生自由度差（写成 Δdf，读作德尔塔自由度）。如果卡方差在相应的自由度差上达到显著水平（$p \leq 0.05$），即说明该调节变量对模型的作用显著，模型在相应的限定上存在差异。如果未达到显著水平（$p > 0.05$），即说明调节变量对模型的作用不显著，模型稳定。这种逐步限定体现在图 7.11 中就是被激活的模型所在列中打的"√"依次增加。

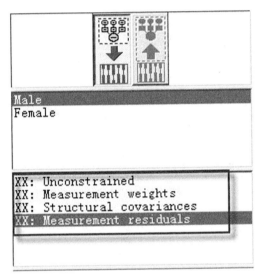

图7.12　设定组别后的模型类别显示区状态

此时，点击图 7.12 中的 Male，即可见到图 7.13。如果点击图 7.12 中的 Female，即可见到图 7.14。以男生组（图 7.13）为例，a1_1 到 a10_1 代表测量权重；ccc1_1 代表结构协方差；vvv1_1 和 vvv2_1 代表潜在变量变异数；v1_1 到 v12_1 代表测量残差。由于该图代表的是性别变量中的男生组，所以还有另一张图代表女生组（图 7.14）。上述这些标记的数值会体现在检验结果里，分别表示男生组和女生组所得分值。

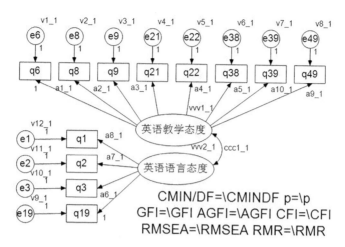

图 7.13　多组分析限定后模型状态（男生组）

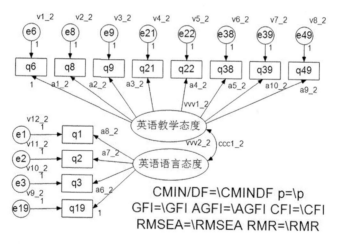

图 7.14　多组分析限定后模型状态（女生组）

　　步骤 3：点击 1-8 图标，打开 Data Files 对话框。点击 File Name 按钮，选择"第七章复核检验用数据"。再点击 Grouping Variable 按钮，打开 Choose a Grouping Variable 对话框，并点击其中的 gender 变量（点中后该变量背景变蓝），点击 OK 按钮关闭对话框。这一操作表示研究者选中"性别"作为分组变量。再点击 Group Value 按钮，打开 Choose Value for Group 对话框，并点击其中的 1（点中后其背景变蓝），点击 OK 按钮关闭对话框。这一操作表示研究者选择

"性别"变量中的第一组，即男生组作为拟合用数据（因为原始数据文件中"1"表示男，"2"表示女）。用本步骤同样的方法将女生组数据调入到第二个文件中。成功后，Data Files 对话框如图 7.15 所示[1]。

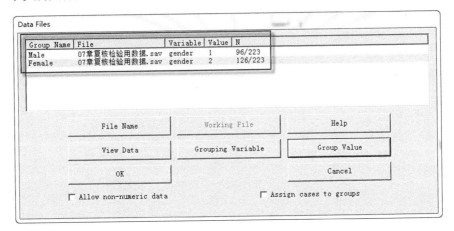

图 7.15　多组分析中的 Data Files 对话框

　　步骤 4：点击 2-8 图标，打开 Analysis Properties 对话框（图 7.16）。选择 Output 标签，并勾选其中 Minimization history、Standardized estimates 和 Critical ratios for differences 三个项目。然后，点击对话框右上角的关闭按钮。这一步操作是要求 AMOS 软件在输出统计结果时提供相应的检验指标。如果没有勾选上述项目，则无法获得标准化估计值、模型修正指数等检验结果。

1　需注意，由于"第七章复核检验用数据"中的性别变量有缺失值，所以男、女生总人数与样本总量并不对应，但这不影响数据使用。

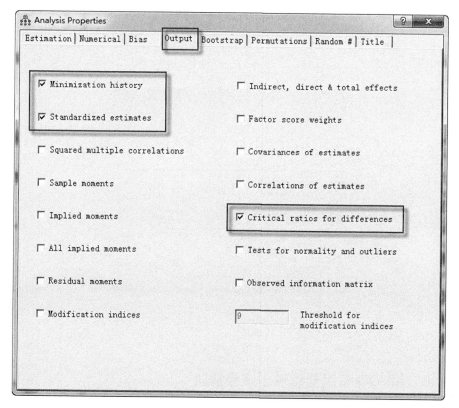

图 7.16　多组分析中的 Analysis Properties 对话框

步骤 5：点击 3-8 图标，命令 AMOS 软件执行统计运算。如果运算成功，那么工作状态区中数据—模型转换按钮右侧的图标由原先无法点击的灰色变为可以点击的红色（图 7.17）。此时，若点击右侧的按钮，即可从模型中直观地查看到相关指标。此外，模型类别显示区中的"XX"全部变为"OK"（图 7.17）。这表明，本次运算成功。

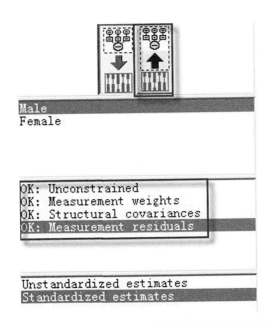

图 7.17　多组分析运算后的模型类别显示区状态

7.5　AMOS 多组分析输出结果解读

结构方程模型多组分析结果指标众多。为了让读者一目了然，研究者需要从分析结果中摘取重要数据，重新制表进行汇报。汇报表格基本形式见表 7.2。

表 7.2　"英语态度"构念的性别多组分析

Model	χ^2	df	χ^2/df	GFI	AGFI	CFI	RMR	RMSEA	$\Delta\chi^2(\Delta df)$
男生	83.84*	53	1.582	0.877	0.820	0.959	0.160	0.075	---
女生	83.82*	53	1.582	0.904	0.859	0.968	0.107	0.068	---
M_1	175.99*	106	1.660	0.885	0.830	0.960	0.133	0.055	---
M_2	199.96*	116	1.724	0.870	0.825	0.952	0.189	0.057	23.97*(10)
M_3	205.62*	119	1.728	0.867	0.826	0.951	0.229	0.058	5.66(3)

* $p<0.05$

点击 2-9 图标，打开输出文件 Amos Output。在该文件左上角方框内先点击 Model Fit，记录下 M_1 到 M_3 的各项指标（图 7.18 和图 7.19），并将其填入表 7.2 相应部分 [1]。M_1 即 Unconstrained（未经任何限定的模型）；M_2 即 Measurement weights（在 M_1 基础上限定测量权重后的模型）；M_3 即 Structural covariances（在 M_2 基础上限定结构协方差后的模型）；M_4 即 Measurement residuals（在 M_3 基础上限定测量残差后的模型），但因为测量残差总是存在的，且极少相等，对模型多组分析的意义不大，所以最后这个限定测量残差后的模型（M_4）通常不在多组分析考查范围之内。也就是说，本例只需考察前三个模型即可。

Model Fit Summary

CMIN

Model	NPAR	CMIN	DF	P	CMIN/DF
Unconstrained	50	175.988	106	.000	1.660
Measurement weights	40	199.962	116	.000	1.724
Structural covariances	37	205.622	119	.000	1.728
Measurement residuals	25	236.402	131	.000	1.805
Saturated model	156	.000	0		
Independence model	24	1887.448	132	.000	14.299

RMR, GFI

Model	RMR	GFI	AGFI	PGFI
Unconstrained	.133	.885	.830	.601
Measurement weights	.229	.870	.825	.647
Structural covariances	.289	.867	.826	.661
Measurement residuals	.293	.846	.817	.711
Saturated model	.000	1.000		
Independence model	1.430	.227	.086	.192

Baseline Comparisons

Model	NFI Delta1	RFI rho1	IFI Delta2	TLI rho2	CFI
Unconstrained	.907	.884	.961	.950	.960
Measurement weights	.894	.879	.953	.946	.952
Structural covariances	.891	.879	.951	.945	.951
Measurement residuals	.875	.874	.940	.939	.940
Saturated model	1.000		1.000		1.000
Independence model	.000	.000	.000	.000	.000

图 7.18　多组分析运算后的 Model Fit 指标 1

1　表 7.2 中"男生"和"女生"组的相应数据见表 7.1 以及用"第七章初步拟合用数据"计算出来的结果。

RMSEA

Model	RMSEA	LO 90	HI 90	PCLOSE
Unconstrained	.055	.040	.069	.280
Measurement weights	.057	.044	.071	.179
Structural covariances	.058	.044	.071	.170
Measurement residuals	.060	.048	.073	.082
Independence model	.246	.236	.256	.000

图 7.19　多组分析运算后的 Model Fit 指标 2

　　点击 2-9 图标，打开输出文件 Amos Output。在该文件左上角方框内先点击 Model Comparison，记录下 M_2 到 M_3 的各项指标（图 7.20），并将其填入表 7.2 的最后一列。该列为模型间的卡方差（$\triangle x^2$）和自由度差（$\triangle df$），它是由 $M_2 - M_1$、$M_3 - M_2$ 计算得来的。做差后，需检验 $\triangle x^2$ 在相应的 $\triangle df$ 上是否显著。这时，研究者需点击 Amos Output 文件左上角区域中的 Model Comparison，从所提供的统计表中查找限定模型对应的显著性（p 值）。以限定测量权重后的模型（M_2）与未做任何限定的模型（M_1）的卡方差为例（图 7.20）[1]，其 $\triangle x^2$=23.97，$\triangle df$=10，p=0.008。该卡方值达到显著水平（$p<0.05$），这说明限定测量权重后的模型与未做任何限定的模型之间存在显著差异，即 a1_1 到 a10_1 与 a1_2 到 a10_2 中至少有一对相应路径的差异是显著的。再以限定结构协方差后的模型（M_3）与限定测量权重后的模型（M_2）的卡方差为例（图 7.20），其 $\triangle x^2$=5.66，$\triangle df$=3，p=0.129。该卡方值尚未达到显著水平（$p>0.05$），这说明限定结构协方差后的模型与限定测量权重后的模型之间无显著差异，即 ccc1_1 与 ccc1_2 之间的差异不显著。

1　本表在 AMOS Output 文件中的表头为"Assuming model Unconstrained to be correct"，表内提供的信息意为假定未受限模型正确，其他受限模型与数据拟合后的卡方值及拟合指数。后续表格意义以此类推。但读表时，只看每个表格第一行中的自由度、卡方值和显著水平。

Nested Model Comparisons

Assuming model Unconstrained to be correct:

Model	DF	CMIN	P	NFI Delta-1	IFI Delta-2	RFI rho-1	TLI rho2
Measurement weights	10	23.974	.008	.013	.013	.004	.005
Structural covariances	13	29.634	.005	.016	.017	.005	.005
Measurement residuals	25	60.414	.000	.032	.034	.010	.011

Assuming model Measurement weights to be correct:

Model	DF	CMIN	P	NFI Delta-1	IFI Delta-2	RFI rho-1	TLI rho2
Structural covariances	3	5.659	.129	.003	.003	.000	.000
Measurement residuals	15	36.439	.002	.019	.021	.006	.006

Assuming model Structural covariances to be correct:

Model	DF	CMIN	P	NFI Delta-1	IFI Delta-2	RFI rho-1	TLI rho2
Measurement residuals	12	30.780	.002	.016	.017	.005	.006

图 7.20 多组分析运算后的 Model Comparison 指标

由于限定测量权重后的模型（M_2）与未做限定的模型（M_1）的卡方差在相应的自由度差上达到了显著水平（$p<0.05$），所以需要查看差异所在之处。思路是在被减模型（本例为 M_1，Unconstrained 模型）中查找差异所在路径。具体方法为：（1）点击 Amos Output 文件左上区域中的 Pairwise Parameter Comparisons；（2）点击 Amos Output 文件左下区域中相应的模型（本例为 M_1，即 Unconstrained 模型）；（3）在相应的数据表中对应查找（图 7.21）。

图 7.21 多组分析运算后的 Pairwise Parameter Comparisons 指标

本例应该查找 a1_1 与 a1_2 等对应的路径。由于数据表过大，不便查找；研究者可以将其拷贝在一张 Excel 表格中进行查找操作。拷贝方法为：在数据表中点击鼠标右键，打开便捷菜单，再用鼠标左键点击 Copy；新建一个 Excel 文件，在数据表左上角的空白单元格内点击鼠标右键，打开便捷菜单，再用鼠标左键点击粘贴，即可完成。这张大表的格式与相关分析输出结果非常类似。阅读时，只需找到成对的两条路径交叉点上的数值即可。以本题为例，就是找到 a1_1 与 a1_2，a2_1 与 a2_2，a3_1 与 a3_2 等路径交叉点的数值。经过查找，这些数值如图 7.22 阴影部分所示[1]。

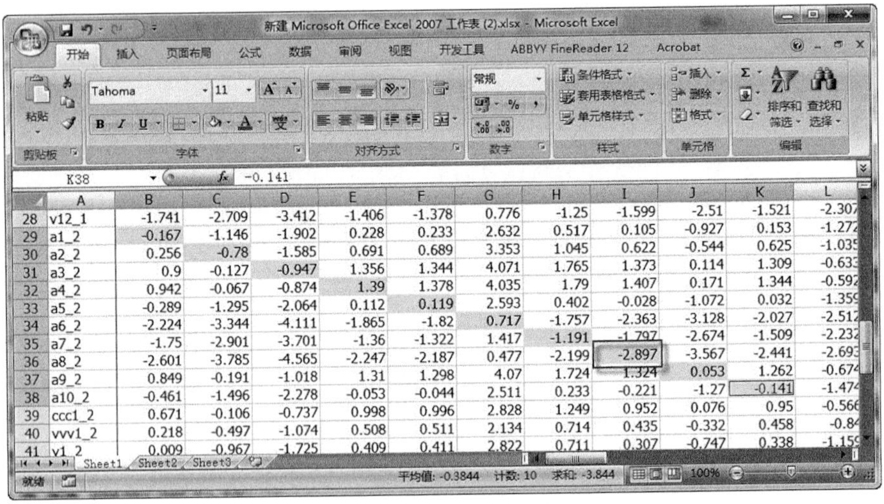

	A	B	C	D	E	F	G	H	I	J	K	L
28	v12_1	-1.741	-2.709	-3.412	-1.406	-1.378	0.776	-1.25	-1.599	-2.51	-1.521	-2.307
29	a1_2	-0.167	-1.146	-1.902	0.228	0.233	2.632	0.517	0.105	-0.927	0.153	-1.272
30	a2_2	0.256	-0.78	-1.585	0.691	0.689	3.353	1.045	0.622	-0.544	0.625	-1.035
31	a3_2	0.9	-0.127	-0.947	1.356	1.344	4.071	1.765	1.373	0.114	1.309	-0.633
32	a4_2	0.942	-0.067	-0.874	1.39	1.378	4.035	1.79	1.407	0.171	1.344	-0.592
33	a5_2	-0.289	-1.295	-2.064	0.112	0.119	2.593	0.402	-0.028	-1.072	0.032	-1.359
34	a6_2	-2.224	-3.344	-4.111	-1.865	-1.82	0.717	-1.757	-2.363	-3.128	-2.027	-2.512
35	a7_2	-1.75	-2.901	-3.701	-1.36	-1.322	1.417	-1.191	-1.797	-2.674	-1.509	-2.232
36	a8_2	-2.601	-3.785	-4.565	-2.247	-2.187	0.477	-2.199	-2.897	-3.567	-2.441	-2.693
37	a9_2	0.849	-0.191	-1.018	1.31	1.298	4.07	1.724	1.324	0.053	1.262	-0.674
38	a10_2	-0.461	-1.496	-2.278	-0.053	-0.044	2.511	0.233	-0.221	-1.27	-0.141	-1.474
39	ccc1_2	0.671	-0.106	-0.737	0.998	0.996	2.828	1.249	0.952	0.076	0.95	-0.566
40	vvv1_2	0.218	-0.497	-1.074	0.508	0.511	2.134	0.714	0.435	-0.332	0.458	-0.84
41	v1_2	0.009	-0.967	-1.725	0.409	0.411	2.822	0.711	0.307	-0.747	0.338	-1.159

图 7.22　成对的路径差异比较结果（Excel 表）

将图 7.22 中阴影部分的数据与 1.96 进行比较[2]。若该数值的绝对值大于 1.96，就说明其对应的路径在 α=0.05 水平上差异显著。也就是说，理论模型中这条路径在男、女生组别中有差异。经过考察，绝对值大于 1.96 的数值是 -2.897，即 a8_1 与 a8_2 两条路径交叉点上的数值，说明女生组在该路径上

1　限于图片空间，此处只显示行标记，未显示列标记。

2　根据 t 分布的特点，当样本量足够大（$n \geq 200$）、显著水平在 α=0.05 时，t 的绝对值为 1.96，显著水平在 α=0.01 时，t 的绝对值为 2.58。由于 AMOS 17.0 不计算路径差异的显著水平，只提供路径差值，所以研究者需要比较该差值与临界值 1.96 或 2.58 的大小。因为二语研究中的常用显著水平为 α=0.05，故我们将该数值的绝对值与 1.96 进行比较。

（Unconstrained 模型中）的得分（0.71）显著低于男生组（0.87）。值得一提的是，对于测量模型而言，如果一半以上的测量权重差异均达到显著水平（$p \le 0.05$），方可认为模型受到调节变量影响。本例中检验了十对测量权重，仅有一对之间的差异达到了显著水平。因此，可以认为模型总体稳定，调节变量未起到足够作用。

7.6　APA 学术论文结果汇报实例

结构方程模型多组分析结果显示，"性别"这一调节变量对"英语态度"的构念影响很小，模型基本稳定，具体数据如表 7.3 所示。

表 7.3 "英语态度"构念的性别多组分析

Model	χ^2	df	χ^2/df	GFI	AGFI	CFI	RMR	RMSEA	$\Delta x^2(\Delta df)$
男生	83.84*	53	1.582	0.877	0.820	0.959	0.160	0.075	---
女生	83.82*	53	1.582	0.904	0.859	0.968	0.107	0.068	---
M_1	175.99*	106	1.660	0.885	0.830	0.960	0.133	0.055	---
M_2	199.96*	116	1.724	0.870	0.825	0.952	0.189	0.057	23.97*(10)
M_3	205.62*	119	1.728	0.867	0.826	0.951	0.229	0.058	5.66(3)

* $p<0.05$

初步拟合结果显示，男生组和女生组各自与理论模型的拟合结果比较一致（表 7.3）。女生组 GFI、AGFI、CFI、RMSEA 和 RMR 指标均略好于男生组，但差别不大。这种结果说明，可以进行下一步的多组分析。

经过多组分析操作设定，"英语态度"构念模型被分为三个模型：M_1 为 Unconstrained（未经任何限定的模型）；M_2 为 Measurement weights（在 M_1 基础上限定测量权重后的模型）；M_3 为 Structural covariances（在 M_2 基础上限定结构协方差后的模型）。经检验[1]，a8_1 与 a8_2 两条测量权重差异显著（$p<0.05$），女生组得分（0.71）显著低于男生组得分（0.87）。其余测量权重以及结构协方差（ccc1_1 与 ccc1_2）之差别均未达到显著水平（$p>0.05$）。

1　请在 AMOS Output 文件中选择 Estimates，接着选择男生组（即 Male），再选择 Measurement Weights，即可在表中找到男生组相应数据；如果选择女生组（即 Female），即可在表中找到女生组相应数据。

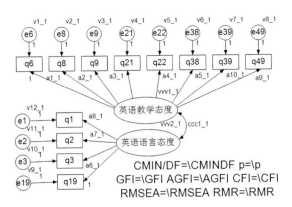

图 7.23　多组分析限定后模型状态（男生组）

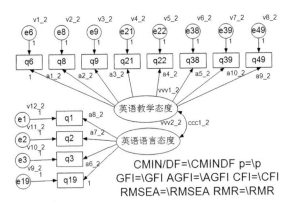

图 7.24　多组分析限定后模型状态（女生组）

练习七

在问卷中（附录 A），选取 q1、q2、q3 和 q19 四个题项测量"英语语言态度"，q6、q8、q9、q21、q22、q38、q39 和 q49 八个题项测量"英语教学态度"。以上两个维度构成的量表经过与数据的拟合检验已被证实可以反映"英语态度"这个构念。但是这个模型在年级变量上是否依然稳定还有待验证。请以"年级"作为调节变量，进行结构方程模型多组分析检验，即用初中生样本和高中生样本分别与图 7.1 的理论模型进行拟合，以此考查该模型在年级变量上是否有差异。（请使用练习七初步拟合用数据和练习七复核检验用数据完成此题。）

第八章　结构模型多组分析

第七章介绍了测量模型的多组分析。研究者对这类模型的多组分析旨在考察测量权重和结构协方差是否具有组间差异。本章介绍结构模型的多组分析。对这类模型进行多组分析除了考察测量权重和结构协方差之外，还要重点考察结构权重（structural weights），即潜在变量之间的单箭头是否具有组间差异。本章以"英语学习可能自我—当前自我—过去自我"结构模型（参见练习六）为例介绍结构模型多组分析操作、结果解读及论文汇报等事项。

8.1　实例分析

在研究中国大学生英语学习自我认同过程中（附录 D），研究者假定"英语学习过去自我"对"英语学习当前自我"和"英语学习可能自我"有直接影响。此外，"英语学习过去自我"还会通过"英语学习当前自我"对"英语学习可能自我"有间接影响。"英语学习过去自我"由选取的 q41、q50 和 q54 测得；"英语学习当前自我"由选取的 q24、q26、q30 和 q32 测得；"英语学习可能自我"由选取的 q8、q10、q14 和 q16 测得。上述理论模型已经得到数据支持（图 8.1）。现要以"性别"作为调节变量，考察男生组和女生组数据在拟合这一理论模型上是否存在差异。

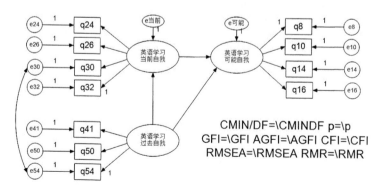

图 8.1　"英语学习可能自我—当前自我—过去自我"结构模型

由于图 8.1 是在测量模型基础上增加因变量后得到的结构模型，所以在进行多组分析检验时，除了要涵盖测量模型考察的测量权重、结构协方差之外，还要重点考察结构权重，即潜在变量之间用单箭头表示的回归关系。图 8.1 显示，本题有测量权重 11 项，结构协方差 1 项，结构权重 3 项，结构残差 (structural residuals) 即潜在变量的误差项 2 项。与测量模型多组分析检验类似，研究者不仅关注模型与数据的拟合指标，而且更关注不同组别的回归系数和相关系数的异同。

8.2　初步拟合 AMOS 操作步骤

多组分析前，要用调节变量中的各组数据分别与理论模型进行拟合，以考察模型拟合优劣程度。其基本思路与 4.2 小节无差异。唯一不同之处在于如何调取数据。

步骤 1：点击 1-8 图标，打开 Data Files 对话框。点击 File Name 按钮，选择"第八章初步拟合用数据"。再点击 Grouping Variable 按钮，打开 Choose a Grouping Variable 对话框（图 8.2），并点击其中的 gender 变量（点中后该变量背景变蓝），点击 OK 按钮关闭对话框。这一操作表示研究者选中"性别"作为分组变量。再点击 Group Value 按钮，打开 Choose Value for Group 对话框（图 8.3），并点击其中的 1（点中后其背景变蓝），点击 OK 按钮关闭对话框。这一操作表示研究者选择"性别"变量中的第一组，即男生组作为拟合用数据（因为原始数据文件中"1"表示男，"2"表示女）。

图 8.2 Choose a Grouping Variable 对话框

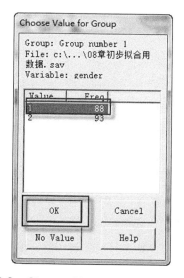

图 8.3 Choose Value for Group 对话框

此时，Data Files 对话框如图 8.4 所示。本次操作后，对话框与前几章的不同之处在于 Variable 项下出现了 "gender"，Value 项下出现了 "1"，N 项下出现了 "88/181"。以上几项变化表示的含义是：选择 88 个男生作为与模型进行拟合检验的数据。点击 OK 按钮关闭该对话框。

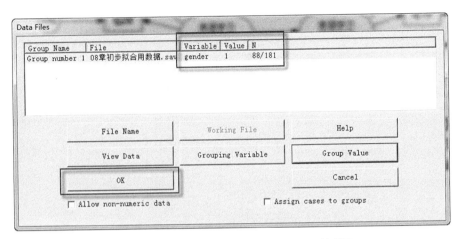

图 8.4 选择男生组后的 Data Files 对话框

步骤 2：点击 2-8 图标，打开 Analysis Properties 对话框。选择 Output 标签，并勾选其中 Minimization history、Standardized estimates 和 Modification indices 三个项目，并将其后的修正指数 MI 阈限改为 9。然后，点击对话框右上角的关闭按钮。这一步操作是要求 AMOS 软件在输出统计结果时提供相应的检验指标。如果没有勾选上述项目，则无法获得标准化估计值等检验结果。

步骤 3：点击 3-8 图标，命令 AMOS 软件执行统计运算。如果运算成功，那么工作状态区中数据—模型转换按钮右侧的图标由原先无法点击的灰色变为可以点击的红色。此时，若点击右侧的按钮，即可从模型中直观地查看到相关指标。

如果想选择女生组数据对模型进行拟合检验，就在步骤 1 中 Group Value 对话框下选择 "2" 即可。此时，Data Files（参见图 8.4）会显示 Variable 项下出现 "gender"，Value 项下出现 "2"，N 项下出现 "93/181"。以上几项变化表示的含义是：选择 93 个女生作为与模型进行拟合检验的数据。然后再重复上述步骤 2 和步骤 3。

8.3 初步拟合 AMOS 输出结果解读

经过上述操作，研究者可以获得男生组和女生组数据对同一个模型各自的拟合结果（图 8.5 和图 8.6）。通过对比图 8.5 和图 8.6，我们发现，男生组和女生组各自的拟合结果比较一致（表8.1）。两组的 CMIN/DF、*p* 值、GFI、AGFI、CFI、RMSEA 和 RMR 等指标差别不大。这种结果说明，男生组数据与女生组数据在拟合同一模型时结果比较接近，可以进行下一步的多组分析。如果出现一组数据的拟合效果远远好于另一组（即拟合指标差别特别大），那么说明这两组数据可能蕴含了两个不同的模型；两组数据之间没有可比性，不适合做多组分析检验。这种情形与 *t* 检验（或方差分析）需要满足方差齐性这一统计前提类似[1]。

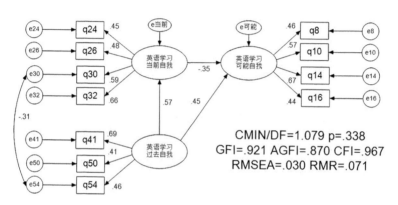

图 8.5　男生组数据初步拟合结果

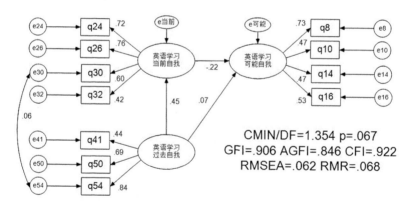

图 8.6　女生组数据初步拟合结果

1　详见拙作《第二语言研究中的统计案例分析》（外语教学与研究出版社，2013 年）有关章节。

表 8.1　男生组和女生组初步拟合指标

指标名称	CMIN/DF	p	GFI	AGFI	CFI	RMR	RMSEA
参考范围	≤ 5	> 0.05	≥ 0.90	≥ 0.90	≥ 0.90	≤ 0.10	≤ 0.08
男生组	1.079	0.338	0.921	0.870	0.967	0.071	0.030
女生组	1.354	0.067	0.906	0.846	0.922	0.068	0.062

8.4　AMOS 多组分析操作步骤

确定各组模型具备可比性之后，方可进行多组分析操作。具体步骤如下：

步骤 1：点击 Analyze 菜单，选择 Manage Groups（图 8.7），即出现定义组别对话框。在其中填写第一组名称"Male"，点击 New 按钮（图 8.8），再填入第二组名称 Female，之后点击 Close 关闭该对话框（图 8.9），完成组别定义操作。组别定义成功后，工作状态区第二栏的组别显示区中会列出已被定义的组别名称（图 8.10）。

图 8.7　激活 Manage Groups 对话框

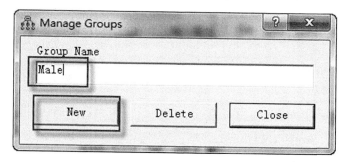

图 8.8 Manage Groups 对话框填写状态 1

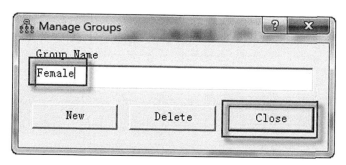

图 8.9 Manage Groups 对话框填写状态 2

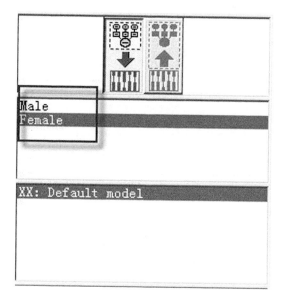

图 8.10 设定组别后的组别显示区状态

步骤2：点击2-13图标，即弹出Multiple-Group Analysis[1]对话框（图8.11）。该对话框中内容是AMOS程序根据理论模型自动计算出来的，研究者直接点击OK按钮即可。需要说明的是：本例中，因为有11个测量权重，所以Measurement weight一行有打"√"项目。因为有3个结构权重，所以Structural weights一行有打"√"项目。因为有1个结构协方差，所以Structural covaria一行也有打"√"项目。因为还有11个测量误差，所以Measurement residu一行也有打"√"项目。

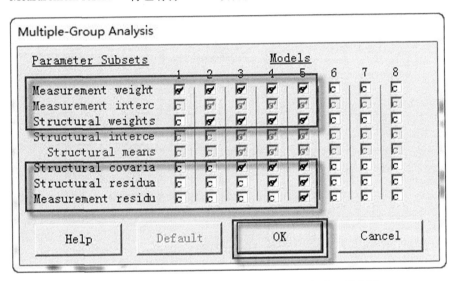

图 8.11　结构模型的 Multiple-Group Analysis 对话框

多组分析设定后，工作状态区的模型类别显示区会呈现如下状态（图8.12）。本例中有六个类别：（1）XX：Unconstrained（不做任何限定的模型）；（2）XX：Measurement weights（限定测量权重的模型）；（3）XX：Structural weights（限制结构权重的模型）；（4）XX：Structural covariances（限定结构协方差的模型）；（5）XX：Structural residuals（限定结构残差的模型）；（6）XX：

1　在打开 Multiple-Group Analysis 对话框之前，AMOS 17.0 系统会提示："The program will remove any models that you have added to the list of models at the left-hand side of the path diagram. It may also modify your parameter constraints."（这个指令会移除您原先在路径图左侧模型列表中增添的所有模型并有可能修改参数限制）。因为事先研究者不可能在模型列表中列出所有模型，所以无需理会该提示，直接点击"确定"。

Measurement residuals（限定测量残差的模型）。这里的多组分析的基本思路亦为：对模型中的系数进行逐步限定，并用限定后的卡方与限定前的卡方做差，产生卡方差（写成 Δx^2，读作德尔塔卡方），相应的自由度也做差，产生自由度差（写成 Δdf，读作德尔塔自由度）。如果卡方差在相应的自由度差上达到显著水平（$p \leq 0.05$），即说明该调节变量对模型的作用显著，模型在相应的限定上存在差异。如果未达到显著水平（$p > 0.05$），即说明调节变量对模型的作用不显著，模型稳定。这种逐步限定体现在图 8.11 中就是被激活的模型所在列中打的"√"依次增加。

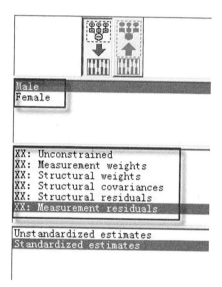

图 8.12　设定组别后的模型类别显示区状态

此时，点击图 8.12 中的 Male，即可见到图 8.13。如果点击图 8.12 中的 Female，即可见到图 8.14。以男生组（图 8.13）为例，a1_1 到 a8_1 代表测量权重；b1_1 到 b3_1 代表结构权重；c1_1 代表结构协方差；v1_1 到 v11_1 代表测量残差；vv1_1 到 vv2_1 代表结构残差；vvv1_1 代表潜在变量变异数。由于该图代表的是性别变量中的男生组，所以还有另一张图代表女生组（图 8.14）。上述这些标记的数值会体现在检验结果里，分别表示男生组和女生组所得分值。

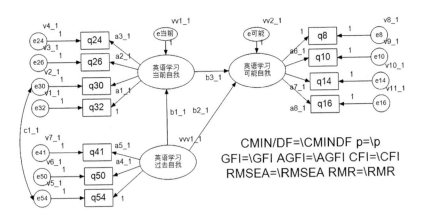

图 8.13　多组分析限定后模型状态（男生组）

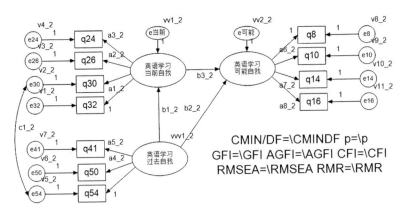

图 8.14　多组分析限定后模型状态（女生组）

　　步骤 3：点击 1-8 图标，打开 Data Files 对话框。点击 File Name 按钮，选择"第八章复核检验用数据"。再点击 Grouping Variable 按钮，打开 Choose a Grouping Variable 对话框，并点击其中的 gender 变量（点中后该变量背景变蓝），点击 OK 按钮关闭对话框。这一操作表示研究者选中"性别"作为分组变量。再点击 Group Value 按钮，打开 Choose Value for Group 对话框，并点击其中的 1（点中后其背景变蓝），点击 OK 按钮关闭对话框。这一操作表示研究者选择"性别"变量中的第一组，即男生组作为拟合用数据（因为原始数据文件中"1"表示男，"2"表示女）。用本步骤同样的方法将女生组数据调入到第二个文件中。成功后，Data Files 对话框如图 8.15 所示。

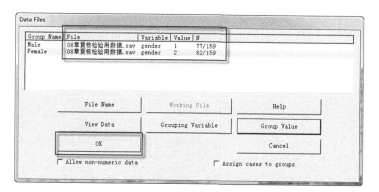

图 8.15　多组分析中的 Data Files 对话框

步骤 4：点击 2-8 图标，打开 Analysis Properties 对话框（图 8.16）。选择 Output 标签，并勾选其中 Minimization history、Standardized estimates 和 Critical ratios for differences 三个项目。然后，点击对话框右上角的关闭按钮。这一步操作是要求 AMOS 软件在输出统计结果时提供相应的检验指标。如果没有勾选上述项目，则无法获得标准化估计值、模型修正指数等检验结果。

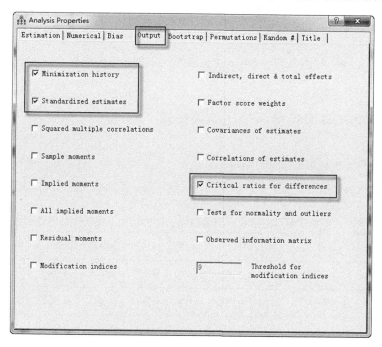

图 8.16　多组分析中的 Analysis Properties 对话框

步骤 5：点击 3-8 图标，命令 AMOS 软件执行统计运算。如果运算成功，那么工作状态区中数据—模型转换按钮右侧的图标由原先无法点击的灰色变为可以点击的红色（图 8.17）。此时，若点击右侧的按钮，即可从模型中直观地查看到相关指标。此外，模型类别显示区中的"XX"全部变为"OK"（图 8.17）。这表明，本次运算成功。

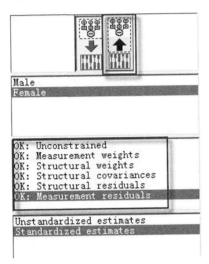

图 8.17　多组分析运算后的组别显示区状态

8.5　AMOS 多组分析输出结果解读

结构方程模型多组分析结果指标众多。为了让读者一目了然，研究者需要从分析结果中摘取重要数据，重新制表进行汇报。汇报表格基本形式见表 8.2。

表8.2　"英语学习可能自我—当前自我—过去自我"结构模型的性别多组分析

Model	χ^2	df	χ^2/df	GFI	AGFI	CFI	RMR	RMSEA	$\Delta\chi^2(\Delta df)$
男生	43.14	40	1.079	0.921	0.870	0.967	0.071	0.030	---
女生	54.17	40	1.354	0.906	0.846	0.922	0.068	0.062	---
M_1	82.15	80	1.027	0.915	0.859	0.990	0.077	0.013	---

（待续）

（续表）

Model	χ^2	df	χ^2/df	GFI	AGFI	CFI	RMR	RMSEA	$\Delta\chi^2(\Delta df)$
M_2	89.78	88	1.020	0.907	0.861	0.992	0.085	0.011	7.63(8)
M_3	94.11	91	1.034	0.901	0.857	0.986	0.088	0.015	4.32(3)
M_4	94.57	92	1.028	0.901	0.858	0.988	0.092	0.013	0.47(1)
M_5	94.98	94	1.010	0.901	0.861	0.995	0.092	0.008	0.41(2)

* $p<0.05$

点击 2-9 图标，打开输出文件 Amos Output。在该文件左上角方框内先点击 Model Fit，记录下 M_1 到 M_5 的各项指标（图 8.18 和图 8.19），并将其填入表 8.2 相应部分[1]。M_1 为 Unconstrained（未经任何限定的模型）；M_2 为 Measurement weights（在 M_1 基础上限定测量权重后的模型）；M_3 为 Structural weights（在 M_2 基础上限定结构权重后的模型）；M_4 为 Structural covariances（在 M_3 基础上限定结构协方差后的模型）；M_5 为 Structural residuals（在 M_4 基础上限定结构残差后的模型）；M_6 为 Measurement residuals（在 M_5 基础上限定测量残差后的模型）。但因为测量残差总是存在的，且极少相等，对模型多组分析的意义不大，所以最后这个限定测量残差后的模型（M_6）通常不在多组分析考察范围之内。也就是说，本例只需考察前五个模型即可。

---

1 表 8.2 中"男生"和"女生"组的相应数据见表 8.1 以及用"第八章初步拟合用数据"计算出来的结果。

Model Fit Summary

CMIN

Model	NPAR	CMIN	DF	P	CMIN/DF
Unconstrained	52	82.153	80	.412	1.027
Measurement weights	44	89.783	88	.427	1.020
Structural weights	41	94.107	91	.391	1.034
Structural covariances	40	94.573	92	.406	1.028
Structural residuals	38	94.980	94	.452	1.010
Measurement residuals	26	136.673	106	.024	1.289
Saturated model	132	.000	0		
Independence model	22	326.628	110	.000	2.969

RMR, GFI

Model	RMR	GFI	AGFI	PGFI
Unconstrained	.077	.915	.859	.554
Measurement weights	.085	.907	.861	.605
Structural weights	.088	.901	.857	.621
Structural covariances	.092	.901	.858	.628
Structural residuals	.092	.901	.861	.642
Measurement residuals	.109	.863	.829	.693
Saturated model	.000	1.000		
Independence model	.173	.695	.634	.579

Baseline Comparisons

Model	NFI Delta1	RFI rho1	IFI Delta2	TLI rho2	CFI
Unconstrained	.748	.654	.991	.986	.990
Measurement weights	.725	.656	.993	.990	.992
Structural weights	.712	.652	.987	.983	.986
Structural covariances	.710	.654	.989	.986	.988
Structural residuals	.709	.660	.996	.995	.995
Measurement residuals	.582	.566	.861	.853	.858
Saturated model	1.000		1.000		1.000
Independence model	.000	.000	.000	.000	.000

图 8.18 多组分析运算后的 Model Fit 指标 1

RMSEA

Model	RMSEA	LO 90	HI 90	PCLOSE
Unconstrained	.013	.000	.047	.968
Measurement weights	.011	.000	.045	.977
Structural weights	.015	.000	.046	.974
Structural covariances	.013	.000	.045	.976
Structural residuals	.008	.000	.044	.983
Measurement residuals	.043	.017	.062	.703
Independence model	.112	.098	.126	.000

图 8.19 多组分析运算后的 Model Fit 指标 2

点击 2-9 图标，打开输出文件 Amos Output。在该文件左上角方框内先点击 Model Comparison，记录下 M_2 到 M_5 的各项指标（图 8.20），并将其填入表 8.2 的最后一列。该列为模型间的卡方差（Δx^2）和自由度差（Δdf），它是按 $M_2 - M_1$、$M_3 - M_2$ 的方式依次计算出来的。做差后，需检验 Δx^2 在相应的 Δdf 上是否显著。这时，研究者需点击 Amos Output 文件左上角区域中的 Model Comparison，从所提供的统计表中查找限定模型对应的显著性（p 值）。以限定测量权重后的模型（M_2）与未做任何限定的模型（M_1）的卡方差为例（图 8.20）[1]，其 $\Delta x^2 = 7.631$，$\Delta df = 8$，$p = 0.470$。该卡方值未达到显著水平（$p > 0.05$），这说明限定测量权重后的模型与未做任何限定的模型之间不存在显著差异。其余卡方差和自由度差及相应显著水平的解读以此类推。

---

[1] 本表在 AMOS Output 文件中的表头为 "Assuming model Unconstrained to be correct"，表内提供的信息意为假定未受限模型正确，其他受限模型与数据拟合后的卡方值及拟合指数。后续表格意义以此类推。但读表时，只看每个表格第一行中的自由度、卡方值和显著水平。

Nested Model Comparisons

Assuming model Unconstrained to be correct:

Model	DF	CMIN	P	NFI Delta-1	IFI Delta-2	RFI rho-1	TLI rho2
Measurement weights	8	7.631	.470	.023	.031	-.002	-.003
Structural weights	11	11.954	.367	.037	.048	.002	.004
Structural covariances	12	12.421	.413	.038	.050	.000	.001
Structural residuals	14	12.827	.540	.039	.052	-.006	-.008
Measurement residuals	26	54.520	.001	.167	.221	.088	.133

Assuming model Measurement weights to be correct:

Model	DF	CMIN	P	NFI Delta-1	IFI Delta-2	RFI rho-1	TLI rho2
Structural weights	3	4.323	.229	.013	.018	.005	.007
Structural covariances	4	4.790	.310	.015	.020	.003	.004
Structural residuals	6	5.197	.519	.016	.022	-.003	-.005
Measurement residuals	18	46.889	.000	.144	.196	.091	.137

Assuming model Structural weights to be correct:

Model	DF	CMIN	P	NFI Delta-1	IFI Delta-2	RFI rho-1	TLI rho2
Structural covariances	1	.467	.495	.001	.002	-.002	-.003
Structural residuals	3	.873	.832	.003	.004	-.008	-.012
Measurement residuals	15	42.566	.000	.130	.181	.086	.130

Assuming model Structural covariances to be correct:

Model	DF	CMIN	P	NFI Delta-1	IFI Delta-2	RFI rho-1	TLI rho2
Structural residuals	2	.407	.816	.001	.002	-.006	-.009
Measurement residuals	14	42.099	.000	.129	.179	.088	.133

图 8.20　多组分析运算后的 Model Comparison 指标

根据表 8.2，所有的卡方差在相应自由度差上均未达到显著水平；这说明"性别"这个调节变量在该结构模型上未起作用，模型拟合程度在男女生数据上没有显著差异，模型稳定。因此，也就没有必要再如第七章中例题那样，检索 Pairwise Parameter Comparisons 数据表了。

8.6　APA 学术论文结果汇报实例

结构方程模型多组分析结果显示，"性别"这一调节变量对"英语学习可能自我—当前自我—过去自我"结构模型的影响未达到显著水平，模型稳定。具体数据如表 8.3 所示。

表 8.3　"英语学习可能自我—当前自我—过去自我"结构模型的性别多组分析

Model	χ^2	df	χ^2/df	GFI	AGFI	CFI	RMR	RMSEA	$\Delta\chi^2(\Delta df)$
男生	43.14	40	1.079	0.921	0.870	0.967	0.071	0.030	---
女生	54.17	40	1.354	0.906	0.846	0.922	0.068	0.062	---
M_1	82.15	80	1.027	0.915	0.859	0.990	0.077	0.013	---
M_2	89.78	88	1.020	0.907	0.861	0.992	0.085	0.011	7.63(8)
M_3	94.11	91	1.034	0.901	0.857	0.986	0.088	0.015	4.32(3)
M_4	94.57	92	1.028	0.901	0.858	0.988	0.092	0.013	0.47(1)
M_5	94.98	94	1.010	0.901	0.861	0.995	0.092	0.008	0.41(2)

* $p<0.05$

初步拟合结果显示，男生组和女生组各自的拟合结果比较一致（表 8.3）。两组的 CMIN/DF、p 值、GFI、AGFI、CFI、RMSEA 和 RMR 指标均相差不大。这种结果说明，可以进行下一步的多组分析。

经过多组分析操作设定（参见图 8.13 和图 8.14），"英语学习可能自我—当前自我—过去自我"结构模型被分为五个模型：M_1 为 Unconstrained（未经任何限定的模型）；M_2 为 Measurement weights（在 M_1 基础上限定测量权重后的模型）；M_3 为 Structural weights（在 M_2 基础上限定结构权重后的模型）；M_4 为 Structural covariances（在 M_3 基础上限定结构协方差后的模型）；M_5 为 Structural residuals（在 M_4 基础上限定结构残差后的模型）。经检验（图 8.20），所有卡方差在相应自由度差上均未达到显著水平（$p>0.05$）。调节变量"性别"对模型的影响极小，模型稳定。

练习八

在问卷中（附录 C），选取 q35、q37、q39 和 q41 四个题项测量"教师英语水平"，q36、q38、q40 和 q42 四个题项测量"教师专业水平"，q57、q58、q60 和 q61 四个题项测量"学习收获"。"学生态度"由 pos、neu 和 neg 三个项目测得。根据有关理论，以上四个变量之间的关系如下："教师英语水平"和"教师专业水平"对"学生态度"产生直接影响。此外，这两个变量还通过"学习收获"对"学生态度"产生间接影响。该结构模型已经得到数据支持（参见6.1 小节）。请以"年级"作为调节变量，进行结构方程模型多组分析检验，即用低年级学生样本和高年级学生样本分别与图 6.5 的理论模型进行拟合，以此考察该模型在年级变量上是否有差异。（请使用练习八初步拟合用数据和练习八复核检验用数据完成此题。）

附录

附录 A　中学生英语学习动机态度调查问卷 [1]

一、态度量表（28 项）

（一）英语语言态度（7 项）

1. 我认为英语是一门很好的语言。

2. 我不喜欢英语的发音。（—）

3. 我发现英文中好多规则很难。（—）

4. 和其他语言相比，我更喜欢英语。

17. 我认为英语在当今国际社会中很重要。

18. 我发现英语很复杂。（—）

19. 我不喜欢说英语。（—）

（二）英语教学态度（21 项）

5. 我不喜欢学英语。（—）

6. 我觉得英语学习很吸引人。

7. 如果我可以选我喜欢的科目学习，我不会选英语。（—）

8. 如果学校不上英语课了，我会去别的地方学习英语。

9. 我喜欢英语课。

10. 我不喜欢老师在英语课上放录音。（—）

1　这是问卷的维度版，仅包含实测版问卷中的主体题项，不包含个人信息题项。该版问卷便于研究者使用。其中各题项前的阿拉伯数字表示该题项在实测问卷中的编号。（—）表示反向题项。

11. 如果英语不是必修课，我肯定不学它。（一）

12. 我认为不需要学英语，因为国外的好东西都被翻译过来了。（一）

20. 中学毕业后，我真不想再学英语了。（一）

21. 我很愿意学英语。

22. 我喜欢英语课，因为它比别的科目有趣。

23. 在英语课上，我很喜欢老师让我们做的活动。

24. 我喜欢学校里老师教英语的方法。

38. 我喜欢听老师和我们讲英语。

39. 英语学习对我来说很容易。

40. 课后在家，我愿意主动复习英语课上学过的内容。

41. 我不爱学英语，因为听不懂老师讲课。（一）

46. 与其他科目相比，我在英语课上精力不集中。（一）

47. 我们在英语课上做的事情非常没意思。（一）

49. 总的说来，我觉得英语学习很有意思。

50. 我不爱学英语，因为听不懂老师上课放的录音。（一）

二、动机量表（22 项）

13. 我希望以后能理解英文的东西。

14. 我希望以后我能看懂英文原版电影。

15. 我希望能看懂生活中常见的英文单词。

16. 我希望能听懂英语新闻。

25. 我学英语是为了给将来做准备。

26. 我学英语是因为以后的学习会用到它。

27. 因为世界上很多人都会讲英语，所以不学不行。

28. 我学英语就是为了考学。（一）

29. 我希望能用英语表演戏剧或歌曲。

30. 我希望以后能用英语回答外国游客的问话。

31. 我希望以后能读懂英文原著。

32. 我想把英语学好，能和英美人士自由交流。

33. 英语对我将来找个好工作很重要。

34. 不一定非得学好英语才能找个好工作。（一）

35. 英语是一门知识，因此我也应该学一点。

36. 英语对我来说很新鲜，所以我喜欢学。

37. 我学习英语是因为会讲英语的人受人尊重。

42. 学好英语，上网方便。

43. 我不想只会讲汉语，所以想学英语。

44. 我学习英语是想今后在国外学习和生活。

45. 我学习英语是因为会讲英语的人显得比别人棒。

48. 英语学好了，我爸妈会更高兴。

附录 B 语法试题结构说明

某教师为英语专业二年级本科生开设为期 18 周的"英语语法课",每周两课时。该课程分为两大部分:理论知识和实践运用。理论部分(占总课程的 30%)主要介绍英语语法体系和基本概念;实践部分(占总课程的 70%)主要通过练习学习语法使用。课程结束后,她设计了一份试卷(共计 100 个题项,理论题项 30 个,实践题项 70 个)拟测量这些学生的英语语法**理论知识**和**运用能力**。

英语语法期末试卷前九个题项如下。其中,第 1、2、4、5、7、8 六个题项为实践运用性题项;第 3、6、9 三个题项为理论知识性题项。**黑体选项**为正确答案。

1. Be careful while crossing the street. Don't forget _____ over by a bike the other day.

   A. being knocked   B. to be knocked   C. to have been knocked

2. I hope _____ was involved in that accident this morning was all right.

   A. whoever   B. anyone   C. who

3. The following are both dynamic verbs EXCEPT _____.

   A. turn   B. write   **C. remain**

4. _____ you are blind, you will not miss the astonishing changes taking place in Shanghai.

   A. Unless   B. Although   C. If

5. The idea of spending the rest of my life there never appeals_____ me.

   A. on   **B. to**   C. for

6. Which "*of*" in the following indicates a subject-predicate relationship?

   A. the occupation *of* island

   B. the plays *of* Oscar Wilde

   C. the arrival of the tourists

7. The amount of money they received _____ from person to person.

   A. varying   **B. varied**   C. vary

8. He worked hard on the construction site with a view ____ some experience.

    A. to be gaining   **B. to gaining**   C. to gain

9. "Peter returned from abroad *a different man*." The italicized part functions as a(n) ____.

    A. appositive   B. adverbial   **C. complement**

附录 C 高校双语教学影响因素调查问卷（部分）[1]

1、教师水平（8项）

（1）教师英语水平（4项）

35. 我的双语课老师特别善于理解专业文献中较长的英语句子。

37. 我的双语课老师能用英语自如地讲授专业知识。

39. 我的双语课老师用英语回答学生课堂提问时不如讲课那么流利。（—）

41. 我的双语课老师英语发音不准确，我听起来很吃力。（—）

（二）教师专业水平（4项）

36. 我的双语课老师对所讲授的内容非常了解。

38. 我的双语课老师对所教授的内容有自己独到的见解。

40. 我的双语课老师对本专业的知识体系有全面的掌握。

42. 我的双语课老师对专业知识领会得很深刻。

2、学习收获（12项）

57. 双语教学让我在专业知识学习和英语水平提高上获得了双丰收。

58. 双语教学促进了我的英语学习。

60. 双语教学不但没有提高我的英语水平，而且专业知识也学得一知半解。（—）

61. 双语教学让我对英语学习有了更大的信心。

63. 双语教学让我的英语水平有了提高，可是专业知识学得不透。（—）

---

1 这是维度版问卷版，仅包含与第六章案例相关的题项。各题项前的数字表示该题项在实测问卷中的编号。（—）表示反向题项。为便于学习结构方程模型，个别题项和维度略有调整。实测版问卷全文见许宏晨（2008）"影响中国高校学生对待双语教学态度因素的结构方程模型分析"，《中国外语教育》第 3 期，6-17 页。

64. 双语教学让我对自己的英语学习更自信了。

66. 双语教学让我的专业学习变得十分痛苦。（—）

67. 双语教学为我日后出国深造在语言上奠定了基础。

69. 双语教学给我的专业学习增加了很大负担。（—）

70. 双语教学让我认识到了我在英语学习上的不足之处。

72. 双语教学有利于我掌握本专业的知识并尽快跟上国际领先水平。

73. 双语教学让我对自己的语言学习能力产生了很大怀疑。（—）

3、学生态度（9项）

（一）积极态度（pos = 68、71 和 74 三个题项的总平均分）

68. 双语教学在中国很有必要。

71. 双语教学现在应该加以鼓励和推广。

74. 双语教学是很有意义的。

（二）中立态度（neu = 59、62 和 65 三个题项的总平均分）

59. 双语教学在中国实行也可以，不实行也没有什么大碍。（—）

62. 双语教学对我来说可有可无。（—）

65. 双语教学对我来说无所谓。（—）

（三）消极态度（neg = 78、82 和 86 三个题项的总平均分）

78. 双语教学在中国没有必要。（—）

82. 双语教学费时费力，投入多产出少。（—）

86. 双语教学应该立刻停止。（—）

附录 D　中国大学生英语学习自我认同调查问卷（部分）[1]

1、英语学习可能自我（16 项）（部分略）

8. 英语要是学好了，我会变成一个更有自信的人。

10. 学习英语能让我成为一个跨文化交际的使者。

14. 我学习英语是想把英语说得像母语那么好。

16. 我害怕成为一个英语成绩不好的学生。

2、英语学习当前自我（16 项）（部分略）

24. 我现在在英语上还不够自信。（—）

26. 我目前的英语水平无法让自己成为一个中外文化交流的使者。（—）

30. 我现在还不能把英语运用得很熟练。（—）

32. 我现在还不能顺利地通过各种英语考试。（—）

3、英语学习过去自我（16 项）（部分略）

41. 中学时，我的英语口语就很好。

50. 中学时，我在英语学习上的信心不如其他同学。（—）

54. 中学时，我是班里英语学习上的佼佼者。

4、英语学习动机强度（7 项）（略）

---

1 这是维度问卷版中的部分题项，仅包含与第六章练习六和第八章案例相关的题项。其中各题项前的数字表示该题项在实测问卷中的编号。（—）表示反向题项。实测版问卷全文见许宏晨（2015）《中国大学生英语学习自我动机系统实证研究》（附录 A），世界知识出版社。

相关文献推荐

Blunch, N. J. 2013. *Introduction to Structural Equation Modeling Using IBM SPSS Statistics and AMOS* (2nd ed.). Los Angeles, CA: SAGE.

Byrne, B. M. 2001. *Structural Equation Modeling with AMOS: Basic Concepts, Applications, and Programming*. Mahwah, NJ: Lawrence Erlbaum Associates.

Gardner, R. C., Lalonde, R. N., & Pierson, R. 1983. The socio-educational model of second language acquisition: An investigation using LISREL causal modeling. *Journal of Language and Social Psychology,* 2(1): 1-15.

Kunnan, A. J. 1995. *Test Taker Characteristics and Test Performance: A Structural Modeling Approach*. Cambridge, England: Cambridge University Press.

Little, T. D. 2013. *Longitudinal Structural Equation Modeling*. New York, NY: The Guilford Press.

Newsom, J. T. 2015. *Longitudinal Structural Equation Modeling: A Comprehensive Introduction*. New York, NY: Routledge.

Purpura, J. E. 1999. *Learner Strategy Use and Performance on Language Tests: A Structural Equation Modeling Approach*. Cambridge, England: Cambridge University Press.

Raykov, T., & Marcoulides, G. A. 2000. *A First Course in Structural Equation Modeling*. Mahwah, NJ: Lawrence Erlbaum Associates.

Schoonen, R. 2015. Structural equation modeling in L2 research. In L. Plonsky (ed.), *Advancing Quantitative Methods in Second Language Research* (pp. 213-242). New York, NY: Routledge.

Schumacker, R. E., & Lomax, R. G. 2004. *A Beginner's Guide to Structural Equation Modeling* (2nd ed.). Mahwah, NJ: Lawrence Erlbaum Associates.

Schumacker, R. E., & Lomax, R. G. 2010. *A Beginner's Guide to Structural Equation Modeling* (3rd ed.). New York, NY: Routledge.

Schumacker, R. E., & Lomax, R. G. 2016. *A Beginner's Guide to Structural Equation Modeling* (4th ed.). New York, NY: Routledge.

Taguchi, T., Magid, M., & Papi, M. 2009. The L2 motivational self system among Japanese, Chinese and Iranian learners of English: A comparative study. In Z. Dörnyei & E. Ushioda (eds.), *Motivation, Language Identity and the L2 Self* (pp. 66-97). Bristol, UK: Multilingual Matters.

Wen, Q. F., & Johnson, R. K. 1997. L2 learner variables and English achievement: A study of tertiary-level English majors in China. *Applied Linguistics,* 18(1): 27-48.

Xu, H. C., & Gao, Y. H. 2014. The development of English learning motivation and learners' identities: A structural equation modeling analysis of longitudinal data from Chinese universities. *System*, 47: 102-115.

范劲松、任伟，2017，结构方程模型在我国外语界的应用，《现代外语》(3)：407-419。

韩宝成，2006，结构方程模型及其在语言测试中的应用，《现代外语》(1)：78-86。

韩宝成、许宏晨，2010，中学生英语学习态度动机调查问卷的信效度分析，《河北师范大学学报（教育科学版)》(10)：69-74。

侯杰泰、温忠麟、成子娟，2004，《结构方程模型及其应用》。北京：教育科学出版社。

李茂能，2011，《图解 AMOS 在学术研究中的应用》。重庆：重庆大学出版社。

林嵩，2008，《结构方程模型原理及 AMOS 应用》。武汉：华中师范大学出版社。

马广惠、文秋芳，1999，大学生英语写作能力的影响因素研究，《外语教学与研究》(4)：34-39。

马蓉、秦晓晴，2017，"动机调控的词汇学习模型"的适用性及其效度研究——多群组结构方程模型方法，《外语学刊》(1)：104-109。

彭剑娥，2015，二语动机自我系统、国际姿态及努力程度关系的结构方程模型研究，《外语教学理论与实践》(1)：12-18。

秦晓晴，1998，中国大学生英语学习动机内在结构研究。南京大学博士学位论文。

秦晓晴，2007，《中国大学生外语学习动机研究》。北京：高等教育出版社。

秦晓晴、文秋芳，2002，非英语专业大学生学习动机的内在结构，《外语教学与研究》(1)：51-58。

邱皓政、林碧芳，2009，《结构方程模型的原理与应用》。北京：中国轻工业出版社。

荣泰生，2009，《AMOS 与研究方法》。重庆：重庆大学出版社。

王华，2015，二语语言能力因子构成等同研究：基于不同语言能力水平的结构方程模型分析，《西安外国与大学学报》(3)：74-77。

王立非、鲍贵，2003，应用语言学研究的路径分析方法：原理与应用评介，《现代外语》(4)：403-409。

文秋芳，2007，"作文内容"的构念效度研究——运用结构方程模型软件 AMOS 5 的尝试，《外语研究》(3)：66-71。

温忠麟、侯杰泰、张雷，2005，调节效应与中介效应的比较和应用，《心理学报》(2)：268-274。

吴明隆，2010，《结构方程模型——AMOS 的操作与应用》。重庆：重庆大学出版社。

吴明隆，2013，《结构方程模型——AMOS 实务进阶》。重庆：重庆大学出版社。

许宏晨，2008，影响中国高校学生对待双语教学态度因素的结构方程模型分析，《中国外语教育》(3)：6-17。

许宏晨，2009，结构方程模型在国内外应用语言学研究中的运用比较，《外语教学理论与实践》(1)：84-89。

许宏晨，2010，结构方程模型多组分析在应用语言学研究中的运用——AMOS17.0 实例演示，《中国外语教育》(1)：59-67。

许宏晨，2013，《第二语言研究中的统计案例分析》。北京：外语教学与研究出版社。

许宏晨，2015，《中国大学生英语学习自我动机系统实证研究》。北京：世界知识出版社。

许宏晨、高一虹，2011，英语学习动机与自我认同变化——对五所高校跟踪研究的结构方程模型分析，《外语教学理论与实践》(3)：63-70。